Reliure serrée

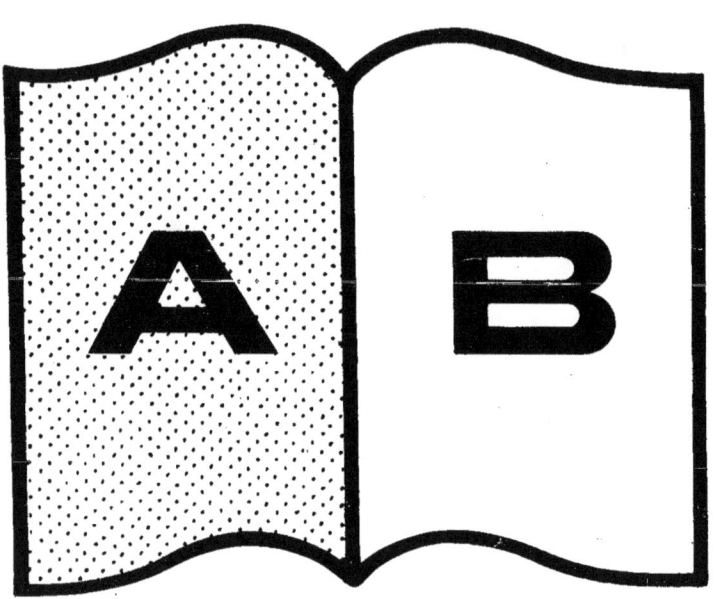

Contraste insuffisant

NF Z 43-120-14

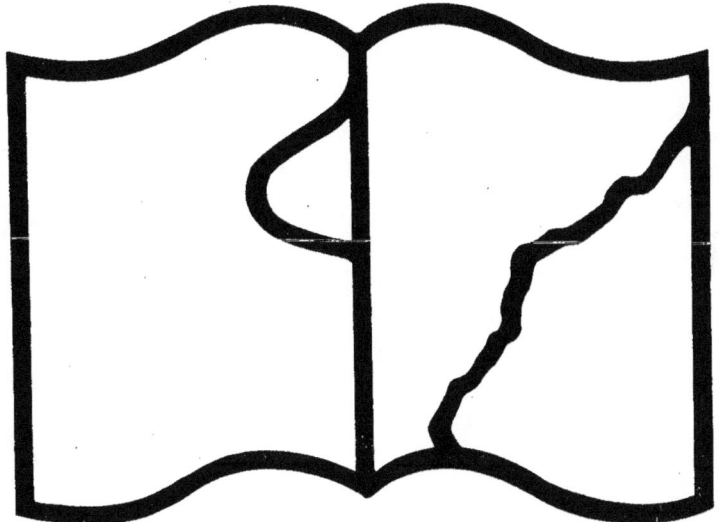

Texte détérioré — reliure défectueuse
NF Z 43-120-11

EXPOSITION UNIVE   E 1900

PUBLICATIONS DE LA COMMISSION

Chargée de préparer la participation du

MINISTÈRE DES COLONIES

LES COLONIES FRANÇAISES

Organisation administrative judiciaire, politique et financière

PAR

A. ARNAUD & H. MÉRAY

Inspecteurs des Colonies

PARIS

AUGUSTIN CHALLAMEL, ÉDITEUR

Rue Jacob, 17

Librairie Maritime et Coloniale

1900

EXPOSITION UNIVERSELLE DE 1900

PUBLICATIONS DE LA COMMISSION
CHARGÉE DE PRÉPARER LA PARTICIPATION
DU MINISTÈRE DES COLONIES

COMMISSION
CHARGÉE DE PRÉPARER LA PARTICIPATION
DU
MINISTÈRE DES COLONIES
A L'EXPOSITION UNIVERSELLE DE 1900

PRÉSIDENT

J. CHARLES-ROUX, délégué des Ministères des Affaires Étrangères et des Colonies, à l'Exposition universelle de 1900.

VICE-PRÉSIDENT

Marcel DUBOIS, professeur à la Faculté des Lettres de Paris.

SECRÉTAIRE

Auguste BRUNET.

MEMBRES

Marcel DUBOIS Professeur à la Faculté des Lettres de Paris. Auguste TERRIER Secrétaire général du Comité de l'Afrique française.	Histoire du développement successif des Colonies françaises depuis 1800. — Voyages d'exploration, campagnes, traités, missions.
Camille GUY Chef du service géographique et des missions au Ministère des Colonies.	Evolution économique des colonies françaises. — Régime commercial, régime financier, régime agricole et minier dans les colonies. — L'agriculture, les mines, l'industrie, le commerce. — Les travaux publics, les voies de communication. — Les banques coloniales.
A. ARNAUD et H. MÉRAY Inspecteurs des Colonies	Organisation administrative, judiciaire, politique et financière des Colonies.

J. IMBART de la TOUR Auditeur au Conseil d'État	Régime de la propriété. — Domaine public et domaine privé. — Gestion et mise en valeur. — Droits des indigènes. — Concessions.
F. DORVAULT Ingénieur chimiste agronome Ancien chef adjoint du cabinet du ministre des Colonies.	Régime de la main d'œuvre. — Historique : Esclavage ; Colonisation pénale. — Immigration.
Henri FROIDEVAUX Docteur ès-lettres Secrétaire de l'Office Colonial près la Faculté des Lettres de Paris.	L'œuvre scolaire de la France aux Colonies. — Histoire des progrès de l'instruction publique dans les Colonies. — Enseignement secondaire et primaire. — Instruction des indigènes.
Victor TANTET Bibliothécaire-archiviste au Ministère des Colonies.	L'Œuvre de la France aux Colonies perdues pendant le xixe siècle. — Survivance de l'influence française. — Louisiane. — Ile Maurice. — Saint-Domingue.
Henri LECOMTE Agrégé de l'Université Docteur ès-sciences	La production agricole et forestière des Colonies : Principales cultures. — Cultures nouvelles. — Exploitations forestières. — Situation agricole des Colonies et comparaison avec les colonies étrangères.

LES COLONIES FRANÇAISES

II

ORGANISATION ADMINISTRATIVE
JUDICIAIRE, POLITIQUE ET FINANCIÈRE

EXPOSITION UNIVERSELLE DE 1900

PUBLICATIONS DE LA COMMISSION
Chargée de préparer la participation du
MINISTÈRE DES COLONIES

LES
COLONIES FRANÇAISES

Organisation administrative judiciaire, politique et financière

PAR

A. ARNAUD & H. MÉRAY

Inspecteurs des Colonies

PARIS
Augustin CHALLAMEL, Éditeur
Rue Jacob, 17
Librairie Maritime et Coloniale

1900

ORGANISATION ADMINISTRATIVE
POLITIQUE, JUDICIAIRE ET FINANCIÈRE
DES
COLONIES FRANÇAISES

INTRODUCTION

§ 1er. — Considérations générales. — Principes de colonisation.

Dans l'histoire de la colonisation française, le dix-neuvième siècle apparaîtra surtout comme l'époque de la reconstitution de notre domaine colonial. Nos possessions, abandonnées à elles-mêmes, et laissées sans défense sous le premier Empire, ne comprenaient plus, après le traité du 30 mai 1814, que l'île Bourbon, la Martinique, la Guadeloupe, la Guyane, Saint-Pierre et Miquelon, les comptoirs de l'Inde, et ceux de Saint-Louis et Gorée au Sénégal. La Restauration poursuivit la réoccupation et la conservation de ces établissements, et prépara la conquête de l'Algérie. Tandis qu'elle consolidait notre situation dans le Nord de l'Afrique, la Monarchie de Juillet affirmait nos droits sur Madagascar en se maintenant à Sainte-Marie, et en occupant Mayotte et Nossi-Bé; elle faisait accepter notre domination au Gabon, à Grand-Bassam et Assinie, en Afrique, et en Océanie, dans l'Archipel de la Société, aux îles Gambier et aux îles Marquises. Le Second Empire prit possession de la Nouvelle-Calédonie et de la Cochinchine, et réussit à étendre notre influence dans le Haut-Sénégal et sur divers points de la Côte Occidentale d'Afrique.

Mais c'est la troisième République qui, accélérant ce mouvement d'expansion, devait compléter l'œuvre de la politique traditionnelle de la France, en fondant, en Asie et en Afrique, deux vastes empires destinés à nous rendre notre ancienne puissance coloniale : le premier formé par la Cochinchine, le Cambodge, le Laos, l'Annam et le Tonkin, et constituant l'Indo-Chine française ; le second comprenant, en dehors de l'Algérie, de la Tunisie et de Madagascar, les colonies du Sénégal, de la Guinée française, de la Côte d'Ivoire, du Dahomey et du Gabon, et s'étendant, à l'intérieur du continent africain, des rives du Sénégal à celles du Congo.

L'ère de l'extension territoriale de nos établissements d'outre-mer touche aujourd'hui à son terme ; il n'en est pas de même du travail d'organisation des immenses domaines que de longs et patients efforts ont soumis à notre autorité. Si nos anciennes colonies, comme les Antilles et la Réunion, semblent arrivées à un degré de maturité qui permettrait, au besoin, de les doter des institutions administratives et politiques de la métropole, et de les transformer en véritables départements français, d'autres, telles que la Cochinchine, la Nouvelle-Calédonie, le Sénégal, s'engagent à peine dans la voie où elles doivent trouver leur complet développement. Pour quelques-unes enfin, comme le Soudan, le Congo, Madagascar, la période de conquête ou d'exploration qui les a placées sous notre domination vient seulement de prendre fin. Ce sera l'œuvre du siècle prochain, en favorisant le progrès matériel et moral de ces possessions, de les conduire aussi loin que possible vers l'organisation définitive, qui mettra en évidence les résultats de notre action civilisatrice. Indiquer, au point de vue administratif, politique, judiciaire et financier, les étapes parcourues dans cette direction, au cours du siècle qui finit, tel est le but que nous nous proposons.

La législation coloniale se distingue surtout par un caractère d'instabilité que peuvent expliquer des causes multiples : la complexité des questions qu'elle concerne, les différences profondes existant entre nos divers établissements, les conditions dans lesquelles est née parfois une réglementation hâtive nécessitée par une récente acquisition de territoire, enfin les facilités que les changements de méthodes administratives trouvent dans le régime des décrets applicables à la plupart de nos colonies. Avec les modifications incessantes ainsi apportées à l'organisation de nos possessions lointaines, le but final que celle-ci doit atteindre n'apparaît pas toujours très clairement : peut-être même a-t-il été parfois perdu de vue. Il est cependant indispensable que la législation coloniale obéisse à une idée directrice, le problème de la colonisation comportant des solutions différentes, selon que l'un ou l'autre de ces principes : assujettissement, autonomie, assimilation, régit les rapports existant entre la mère-patrie et ses dépendances.

L'assujettissement maintient les colonies dans la subordination étroite de la métropole, qui les exploite à son profit, et, sans s'inquiéter de leurs besoins ou de leurs aspirations, leur impose le régime le plus conforme à ses intérêts. Egoïste et autoritaire, la politique d'assujettissement peut avoir son utilité dans les établissements de création récente, où la domination de la puissance colonisatrice a besoin de s'affirmer. Mais, en sacrifiant complètement les droits des colonies, elle risque de compromettre les intérêts mêmes qu'elle est destinée à servir ; aussi doit-elle être abandonnée progressivement pour faire place à l'un des deux autres systèmes de colonisation. Les Hollandais seuls l'ont conservée dans les îles de la Sonde, mais avec de sérieuses atténuations.

L'autonomie tend à assurer aux colonies la gestion de leurs propres affaires. Une assemblée locale, véritable parlement, donne à chaque dépendance sa législation spéciale. La métropole suit de loin le développement de ses possessions, et le favorise par la concession de libertés de plus en plus étendues, jusqu'au jour où le faible lien qui les rattachait encore à la mère-patrie s'étant brisé, les colonies deviennent des états indépendants. En préparant la séparation avec la métropole, le principe d'autonomie méconnaît les intérêts de celle-ci ; il ne présente pas moins d'inconvénients pour les populations autochtones, qui tendent à disparaître devant l'humeur envahissante des colons, partout où il a été mis en pratique. Il faut cependant reconnaître que, malgré ces conséquences regrettables, l'Angleterre a pu obtenir des résultats merveilleux, par l'expérience qu'elle en a faite dans ses colonies à gouvernement responsable.

L'assimilation, en donnant aux colonies des institutions analogues à celles de la métropole, supprime peu à peu les distances qui séparent les diverses parties du territoire, et elle réalise enfin leur union intime, par l'application d'une législation commune. La théorie de l'assimilation vise à la fusion, à la pénétration réciproque de l'élément colonisateur et de l'élément indigène, appelés à avoir un jour les mêmes droits et les mêmes obligations. Elle répond incontestablement à une conception élevée, généreuse, du rôle de la nation qui vient implanter la civilisation dans un pays neuf. Mais, par son esprit de généralisation, sa tendance à l'uniformité, elle se trouve, le plus souvent, en contradiction absolue avec la nature si variée des milieux coloniaux.

Chaque système, quels que soient d'ailleurs ses mérites, ne doit donc être mis en œuvre qu'avec prudence et modération ; il faut éviter les conséquences excessives auxquelles aboutissent les procédés théoriques. Quant au principe lui-même qu'il peut être utile d'adopter de préférence à tout autre, il dépend aussi bien des mœurs, des institutions, des conditions économiques des pays colonisés, que du caractère et des aptitudes de la nation colonisatrice.

La politique d'autonomie est surtout en faveur chez les Anglo-Saxons; mais l'Angleterre, qui en a poussé très loin l'application dans ses colonies jouissant du « *self government* », maintient ses possessions de la Couronne dans une situation voisine de l'assujettissement, et il n'est pas jusqu'à la doctrine de l'impérialisme qui n'emprunte quelque chose à l'idéal du principe d'assimilation.

Ce dernier a eu les préférences des peuples d'origine latine, imitant ainsi les procédés de la colonisation romaine. Cependant, après avoir pendant longtemps incliné vers l'assimilation, la France tend actuellement à s'en détacher. Des économistes, des publicistes, des hommes politiques se sont élevés contre une méthode que ne peuvent jusqu'à présent recommander les résultats acquis, et insistent pour que nos colonies soient désormais orientées vers l'autonomie (1). N'est-ce pas au mouvement d'opinion ainsi créé qu'il faut attribuer, en grande partie, les critiques dirigées contre le système des rattachements pratiqué en Algérie, où la proximité de la métropole pouvait faciliter un semblable essai; la faveur qui s'attache au régime des protectorats permettant de conserver à une colonie son individualité propre, et aussi, la création d'un ministère des

---

(1) Voir notamment: Procès-verbaux des séances du congrès colonial international réuni à Paris en 1889 ; — P. Leroy-Beaulieu, *De la colonisation chez les peuples modernes* ; — Chailley-Bert, *La Colonisation de l'Indo-Chine* ; — Deschamps, *Histoire de la colonisation en France*, p. 377 ; — de Lanessan, *Expansion de la France*, p. 998; *Principes de colonisation*, p. 48, 189, 241. — Exposé des motifs d'une proposition de loi présentée par M. d'Estournelles, député, et tendant à la suppression de la représentation nationale de certaines colonies, Annexe au procès-verbal de la séance de la Chambre des députés du 9 juillet 1898.

colonies affirmant le caractère spécial des affaires coloniales et la nécessité des solutions distinctes qu'elles comportent? Il est vrai que, si l'on réclame pour nos possessions nouvelles le système de l'autonomie, on s'accorde néanmoins à demander l'assimilation complète de nos anciennes dépendances : mais l'état de gêne économique dans lequel se débattent celles-ci est précisément l'un des arguments qu'on invoque contre la politique d'assimilation.

Le département des Colonies lui-même semble vouloir s'engager dans une voie nouvelle. Dès 1889, l'autonomie administrative et financière de quelques établissements de la côte occidentale d'Afrique était mise à l'essai, et ne tardait pas à donner les plus heureux résultats. C'est en se fondant sur cette expérience, et sur la nécessité de réformes profondes à introduire dans l'administration locale des colonies, qu'une commission spéciale, chargée par le ministre des Colonies d'examiner les budgets locaux, « tant au point de vue financier, qu'au point de vue des questions organiques qui s'y rattachent, » propose, dans un rapport inséré au *Journal officiel* du 28 juillet 1899, d'abandonner « résolument et définitivement la doctrine de l'assimilation » (1).

§ 2. — Constitution coloniale : Période antérieure à 1814. — Période de 1814 à 1854.

La politique d'assimilation était pourtant dans les traditions de la France républicaine. La Révolution en avait admis toutes les conséquences ; elle déclara que les colonies « font partie

(1) Cette commission, nommée par une décision ministérielle du 30 janvier 1899, était présidée par M. le Sénateur Siegfried, et composée de membres du parlement, et de hauts fonctionnaires du ministère des Colonies. Nous aurons l'occasion de revenir sur les propositions et résolutions qu'elle a formulées.

intégrante de l'empire français, » et décida que la loi constitutionnelle était, en principe, applicable à nos possessions qui, ne comprenant plus que des établissements anciens, devaient être organisées sur le modèle de la métropole.

La constitution de l'an VIII disposa « que le régime des colonies françaises serait déterminé par des lois spéciales ». Le pouvoir législatif ayant délégué au pouvoir exécutif les droits qui lui étaient ainsi reconnus (loi du 30 floréal an X), les colonies furent soumises au régime des décrets, jusqu'au moment où la constitution du 16 thermidor an X déclara qu'elles feraient l'objet d'un « sénatus-consulte organique ». Cette disposition resta d'ailleurs sans effet, par suite de la perte successive de la plupart de nos établissements d'outre-mer.

D'après la Charte du 4 juin 1814, les colonies devaient être régies par des « lois et des règlements particuliers », formule vague dont le gouvernement de l'époque abusa, en fixant par voie d'ordonnances l'organisation de nos dépendances.

C'est sous la Restauration que furent élaborées les ordonnances constitutives des 21 août 1825, 9 février 1827, et 27 août 1828, qui ont donné à l'île Bourbon, aux Antilles et à la Guyane une réglementation dont les grandes lignes subsistent encore, et se retrouvent plus ou moins à la base des institutions administratives de toutes nos autres possessions. Un gouverneur représente le pouvoir central dans chaque colonie ; il est assisté de trois chefs de service responsables : l'ordonnateur, chargé de l'administration de la guerre, de la marine et des finances ; le directeur de l'Intérieur, préposé à la gestion des services locaux ; le procureur général, chef du service judiciaire. Un conseil privé placé près du gouverneur éclaire ses décisions, et, dans certains cas, participe à ses actes. Un conseil général, composé de membres nommés par le roi sur une liste de présentation dressée par les conseils municipaux, donne son avis sur le budget et les comptes, et expose les vœux et les demandes de la colonie.

La Charte de 1830 portait que les colonies seraient « régies par des lois spéciales ». L'application de ce principe fit l'objet d'une loi du 24 avril 1833 concernant seulement les Antilles, la Réunion et la Guyane, les autres établissements, moins importants, restant soumis au régime des ordonnances.

Dans les quatre grandes colonies, l'intervention du pouvoir législatif devenait indispensable, pour tout ce qui était relatif à l'exercice des droits politiques, aux lois civiles et criminelles, à l'organisation judiciaire, aux pouvoirs des gouverneurs en matière de haute police et de sûreté générale, au régime commercial et douanier. En dehors de ces questions, le pouvoir réglementaire s'exerçait, soit au moyen d'ordonnances royales, soit au moyen de décrets coloniaux, rendus, sur la proposition du gouverneur, par le conseil colonial. Cette assemblée, élue pour cinq ans, avait dans ses attributions le vote du budget, l'assiette et la répartition des contributions indirectes ; elle pouvait émettre des vœux et désignait un ou deux délégués pour la représenter auprès du gouvernement.

La Constitution du 4 novembre 1848 revint aux principes de la Révolution avec les dispositions de l'article 109 : « Le territoire de l'Algérie et des Colonies est déclaré territoire français, et sera régi par des lois particulières, jusqu'à ce qu'une loi spéciale les place sous le régime de la présente constitution. » La seconde République n'eut pas le temps de réaliser ce programme, mais, par l'abolition de l'esclavage, elle a laissé, dans l'organisation des colonies, des traces profondes de son passage.

§ 3. — **Constitution coloniale : Période postérieure à 1854 :
colonies régies par la loi ; colonies régies par décrets.**

La constitution du 14 janvier 1852 abandonnait au Sénat, ainsi que l'avait fait déjà la constitution du 16 thermidor an X, le soin de régler la situation des colonies, et c'est en conséquence de cette délégation de pouvoirs, que fut voté le sénatus-consulte du 3 mai 1854, déterminant d'une manière générale la constitution des Antilles et de la Réunion.

Cet acte a été modifié par le sénatus-consulte du 4 juillet 1866, dans ses dispositions relatives aux conseils généraux.

Au point de vue du régime législatif, le sénatus-consulte du 3 mai 1854 divise les colonies en deux groupes : le premier comprenant la Martinique, la Guadeloupe et la Réunion, qui obtiennent certaines garanties ; le second composé des autres possessions, maintenues sous le régime des décrets.

Colonies régies par la loi. — Pour les colonies du premier groupe la législation s'étend, selon l'importance des matières, du sénatus-consulte aux arrêtés des gouverneurs, en passant par les lois, les décrets rendus dans la forme des règlements d'administration publique, et les décrets simples.

Un sénatus-consulte est nécessaire, d'après l'article 3, lorsqu'il s'agit de toucher aux questions concernant les principes mêmes de notre droit privé ou public, telles que l'état civil des personnes, la distinction des biens et les différentes modifications de la propriété, les contrats et les obligations conventionnelles en général, les modes d'acquisition de la propriété, l'exercice des droits politiques, l'institution du jury, la législation en matière criminelle, l'application aux colonies du principe du recrutement des armées de terre et de mer. Cette énumération est absolument limitative ; les sénatus-consultes ayant disparu avec le régime impérial, c'est une loi qui doit actuellement statuer sur les matières qui y sont énoncées. Le sénatus-consulte du 3 mai 1854 a, d'ailleurs, perdu le caractère spécial qui le rattachait à la constitution de 1852, et n'a plus lui-même que la valeur d'une loi ordinaire.

L'article 4 exigeait une loi pour régler le régime commercial des colonies. Cependant, en cas d'urgence, on pouvait, dans l'intervalle des sessions, recourir à des décrets rendus dans la forme de règlements d'administration publique, convertis ultérieurement en lois.

Ces dispositions furent abrogées par l'article 2 du sénatus-consulte du 4 juillet 1866, qui donnait aux conseils généraux le droit de voter leurs tarifs d'octroi de mer, et leurs tarifs de douane, ces derniers rendus exécutoires par décrets en conseil d'Etat. La loi du 11 janvier 1892 a complètement renouvelé la législation concernant les relations commerciales des colonies avec les autres pays : le tarif métropolitain est applicable aux marchandises étrangères, qui peuvent pourtant bénéficier de réductions fixées par décrets rendus dans la forme de règlements d'administration publique ; un acte de même nature approuve les délibérations des conseils généraux relatives au mode d'assiette, aux règles de perception, et au mode de répartition de l'octroi de mer.

D'autre part, le Parlement, qui a recouvré, depuis 1870, le droit de légiférer en matière coloniale, a statué sur un certain nombre de questions qui sont, dès lors, entrées dans le domaine législatif. C'est dans ces conditions, notamment, que la loi du 5 avril 1884 sur l'organisation municipale, a été rendue applicable aux Antilles et à la Réunion, et qu'une loi du 15 avril 1890 a réglé l'organisation judiciaire de ces mêmes colonies. Une loi seule pourrait apporter des modifications aux textes ainsi arrêtés par le pouvoir législatif.

Un décret rendu dans la forme des règlements d'administration publique doit décider dans les cas prévus par l'article 6, et concernant : la législation en matière civile, correctionnelle et de simple police, sauf les réserves prescrites par l'article 3 ; l'exercice des cultes, l'instruction publique, le mode de recrutement des armées de terre et de mer, la presse, les pouvoirs extraordinaires des gouverneurs en ce qui a trait aux mesures de haute police et de sûreté générale ; les questions domaniales, le régime monétaire, le taux de l'intérêt, les institutions de crédit, l'organisation et les attributions des pouvoirs administratifs, le notariat, les officiers ministériels et les tarifs judiciaires, l'administration des successions vacantes, l'organisation judiciaire, l'administration municipale. On a vu que ces deux derniers points font aujourd'hui l'objet d'une loi ; il en est de même du régime de la presse (loi du 29 juillet 1881), et du mode de recrutement des armées de terre et de mer (loi du 15 juillet 1889). Du reste, pour les matières énumérées par l'article 6, l'intervention du conseil d'Etat devient inutile, lorsqu'il s'agit uniquement d'appliquer aux colonies, dans leur texte intégral, les lois en vigueur dans la métropole.

Enfin, l'article 7 pose en principe qu'un décret simple résout toutes les questions qui ne sont pas réservées par les articles 3, 4 et 6, ou placées dans les attributions des gouverneurs.

Le décret simple est donc la règle, dans la législation des Antilles et de la Réunion ; les autres actes, sénatus-consultes, lois, décrets en Conseil d'Etat, constituent l'exception. Quant aux arrêtés des gouverneurs, dont l'importance est moindre, ils ont pour objet, d'après l'article 9, d'assurer l'exécution des lois et décrets élaborés par le pouvoir central, et de régler les matières d'administration et de police.

L'énumération des différents actes prévus par le régime législatif des colonies ne comprend pas les arrêtés ministériels. Il semble donc que le ministre des Colonies ne possède aucun pouvoir réglementaire, en ce qui concerne nos établissements extérieurs, à moins qu'un texte en vigueur ne lui ait donné, à cet effet, une délégation spéciale. Dans la pratique, l'action du Ministre sur les affaires locales de nos possessions se traduit, pourtant, par des instructions, des circulaires, des arrêtés, qui ne sont que la manifestation naturelle de l'autorité attachée à ses fonctions, et du droit de haute direction qu'il exerce, tant à l'égard des fonctionnaires ses subordonnés, qu'à l'égard de l'administration générale des colonies.

Colonies régies par décrets. — La constitution des colonies autres que la Martinique, la Guadeloupe et la Réunion, est tout entière contenue dans les dispositions de l'article 18 du sénatus-consulte du 3 mai 1854, déclarant que ces possessions seront régies par des décrets, tant qu'un sénatus-consulte n'aura pas statué à leur sujet. L'acte ainsi annoncé n'ayant jamais paru, la législation du plus grand nombre de nos établissements coloniaux est complètement restée dans les attributions du pouvoir exécutif. Ce régime a même été étendu aux pays de protectorat, dans la limite où les conventions diplomatiques permettent à l'état protecteur de prendre part à la gestion des intérêts de l'état protégé. D'ailleurs, ce qui a été dit des arrêtés et décisions du ministre et des gouverneurs, à propos de nos anciennes dépendances, s'applique également aux colonies régies par décrets.

Le Parlement a consacré quelques exceptions au principe posé par l'article 18 du sénatus-consulte de 1854, en étendant à l'ensemble de nos possessions un certain nombre de lois, comme la loi du 28 juillet 1881 sur le régime de la presse, la loi du 15 novembre 1887 sur la liberté des funérailles, ou la loi du 11 janvier 1892 sur le régime douanier. Mais même en dehors de ces cas particuliers, d'ailleurs assez rares (1), l'action

---

(1) Voir P. Dislère, *Traité de législation coloniale*, première partie, p. 210. Qu'il nous soit permis de dire ici quelle excellente source de renseignements a été pour nous cet ouvrage, auquel on devra recourir,

du pouvoir exécutif, à l'égard des colonies soumises au régime des décrets, est circonscrite par la nécessité de provoquer un vote des chambres, toutes les fois qu'à l'occasion d'un service colonial, il s'agit d'engager les finances de l'Etat.

Dans un autre ordre d'idées, on peut se demander si le pouvoir exécutif aurait le droit, sans le concours du Parlement, d'acquérir, de céder ou échanger une partie de notre domaine colonial. L'article 8 de la loi constitutionnelle du 16 juillet 1875 disposant que « nulle cession, nul échange, nulle adjonction de territoire ne peut avoir lieu qu'en vertu d'une loi », paraît s'y opposer. En fait, pour ce qui est des annexions de territoires, les divers traités conclus avec des chefs indigènes de la côte occidentale d'Afrique plaçant leurs pays sous le protectorat de la France, ou les lui abandonnant en toute propriété, ont toujours été ratifiés par de simples décrets (1). Mais il y a lieu de remarquer que la question de l'occupation des territoires ainsi acquis a été implicitement portée devant les Chambres, à l'occasion de l'approbation des conventions diplomatiques délimitant nos sphères d'influence dans l'ouest africain (2).

---

si l'on veut approfondir certaines questions de législation coloniale que la présente étude se borne à indiquer.

(1) Voir, entre autres, divers décrets des 4 avril, 23 mai et 27 juillet 1889, portant ratification de traités passés avec Tiéba, roi du Kénédougou, avec le chef du pays d'Abrou et de Bondoukou, avec des chefs indigènes du Sénégal et du Haut-Sénégal, des Rivières du Sud, de la Côte d'Or, des Etats de Kong, du Djemini, d'Anno et de Kantora; un décret du 1er décembre 1897, portant ratification de traités passés dans la boucle du Niger.

(2) Voir par exemple la loi du 22 juillet 1887, approuvant la convention franco-portugaise du 12 mai 1886, délimitant la Guinée portugaise et les frontières franco-portugaises au Congo ; la loi du 24 juillet 1894, portant approbation de la convention conclue à Berlin, le 15 mars 1894, pour la délimitation du Congo français et du Cameroun, et des sphères d'influence française et allemande dans la région du lac Tchad ; la loi du 21 décembre 1894, portant approbation de l'arrangement conclu à

La Chambre des députés semble, du reste, avoir elle-même donné son adhésion à la pratique observée en ces circonstances. Saisie du traité signé, le 3 octobre 1890, avec le roi du Dahomey — traité qui, entre autres clauses, reconnaissait à la France le droit d'occuper indéfiniment Kotonou, — elle décida, dans sa séance du 28 novembre 1891, qu'il n'y avait pas lieu de ratifier cet arrangement par une loi, et qu'on laisserait au gouvernement « le soin de donner à cet acte la sanction la plus conforme aux intérêts de la France dans le golfe de Bénin ». Le traité fut ratifié le 8 décembre suivant par un décret.

La cession ou l'échange d'un territoire colonial consentis avec une autre puissance devraient évidemment être autorisés par une loi. C'est ainsi que la convention du 24 décembre 1885, par laquelle la France cédait à l'Allemagne Porto-Séguro et Petit-Popo, sur le golfe de Bénin, en échange des droits que celle-ci possédait sur le Rio Nunez et la Mellacorée, fut approuvée par une loi du 5 juillet 1886. Mais la question s'est posée il y a quelques années, à propos de la création de compagnies privilégiées de colonisation, de savoir si le pouvoir exécutif, sans aliéner définitivement les droits de souveraineté de la métropole sur ses colonies, pourrait par décret abandonner à une société privée l'exercice de ces droits. Le conseil supérieur des colonies s'était prononcé pour l'affirmative, dans sa séance du 6 juin 1891. Le gouvernement n'alla pas aussi loin, et présenta un projet de loi permettant de créer, par décrets rendus dans la forme

---

Paris le 14 août 1894, entre le gouvernement de la République française et le gouvernement de l'État indépendant du Congo, pour la délimitation des territoires du Haut-Oubanghi ; la loi du 12 mai 1889, portant approbation de la convention du 14 juin 1898, et de la convention additionnelle du 21 mars 1899, concernant la délimitation des possessions françaises de la Côte d'Ivoire, du Soudan et du Dahomey, et des colonies britanniques de la Côte d'Or, de Lagos, et autres à l'ouest du Niger, ainsi que la délimitation des possessions françaises et britanniques, et des sphères d'influence des deux pays à l'est du Niger.

de règlements d'administration publique, des compagnies à charte possédant une partie des attributions de l'Etat (Annexe au procès-verbal de la séance du Sénat du 19 juillet 1891). Ce projet n'a jamais abouti. On paraît, du reste, avoir renoncé aux compagnies privilégiées de colonisation. Les vastes territoires de l'Afrique occidentale sur lesquels ces compagnies auraient pu s'établir, font, depuis peu, l'objet de nombreuses demandes de concessions de la part des sociétés purement commerciales qui en poursuivront la mise en valeur, sans rien emprunter à l'Etat de ses droits de souveraineté. Ces concessions sont accordées par décrets, au vu d'un cahier des charges préparé par une commission consultative instituée par le décret du 16 juillet 1898.

Les lois et décrets concernant les colonies ne sont pas exécutoires dans nos établissements d'outre-mer, par le fait seul qu'ils ont été promulgués dans la métropole; une seconde promulgation sur les lieux est indispensable. Le gouverneur y procède, dans les conditions prévues par l'article 9 du sénatus-consulte du 3 mai 1854, au moyen d'un arrêté publié dans le *Journal officiel* de la colonie. Le texte de la loi ou du décret promulgué ne doit subir aucune modification; mais la Cour de cassation a admis qu'il n'était pas nécessaire de le faire figurer à la suite de l'arrêté de promulgation.

Les gouverneurs ne sauraient d'ailleurs de leur propre autorité rendre exécutoire dans les colonies un texte en vigueur dans la métropole et relatif à des matières étrangères à leurs attributions, s'il n'a été, par décret, rendu applicable à nos possessions extérieures.

Les lois, décrets et arrêtés promulgués entrent en vigueur au chef-lieu de la colonie, le lendemain de leur publication, en Cochinchine, en Nouvelle-Calédonie, et dans les Etablissements de l'Océanie (décrets des 14 janvier 1865, art. 1; 12 décembre 1874, art. 72; 28 décembre 1885, art. 59); le jour même où ils paraissent au *Journal officiel* dans les autres possessions (décret du 15 janvier 1853, art. 3). Pour l'intérieur des colonies, les délais sont fixés, en tenant compte de la distance, par des arrêtés des gouverneurs, qui, en cas d'urgence déclarée, peuvent rendre un acte immédiatement exécutoire, en prenant des mesures exceptionnelles de publicité.

Le régime législatif des colonies, compliqué à l'excès, surchargé de textes modifiés et abrogés en partie, se trouve en désaccord avec l'ensemble des institutions de la métropole, sans répondre aux nécessités de la situation créée par l'extension considérable de notre domaine extérieur. Aux Antilles et à la Réunion, la législation actuelle, — on le verra mieux par la suite, — constitue un système mixte participant à la fois de l'autonomie et de l'assimilation, avec des imperfections empruntées à l'un et à l'autre de ces procédés, et bien peu de leurs avantages ; elle consacre entre le pouvoir central et les assemblées locales, en matière économique et financière, un partage d'attributions qui méconnaît les intérêts de la métropole, sans pouvoir assurer la prospérité de nos anciennes dépendances. Le régime des décrets est, d'autre part, vivement critiqué : sans doute il a son utilité aux débuts d'une colonie, car il possède seul assez de souplesse pour se plier aux transformations successives que peut exiger l'administration d'un pays neuf ; mais il laisse planer sur l'organisation si variable de nos possessions une incertitude regrettable, et permet de résoudre les questions coloniales les plus graves, sans qu'une discussion préalable ait pleinement éclairé l'opinion publique.

Une réforme s'impose, on s'accorde à le reconnaître. Divers projets ont été mis à l'étude, parmi lesquels il faut citer ceux qu'a élaborés une commission sénatoriale chargée de présenter une proposition de loi relative aux modifications à introduire dans l'organisation coloniale (Annexes aux procès-verbaux des séances du Sénat du 15 juillet 1890 et du 29 juin 1893).

Inspirés surtout par le souci de démontrer l'inutilité d'un ministère spécial des colonies et de préparer la complète assimilation des Antilles et de la Réunion d'abord, et, plus tard, de nos autres établissements, en prévoyant la participation de divers départements ministériels à la gestion des affaires coloniales, ces projets étaient en contradiction avec les raisons si impérieuses qui devaient motiver la loi du 20 mars 1894, érigeant en ministère l'Administration des colonies.

Qu'on examine définitivement, si l'on veut, dans quelle mesure la législation de la métropole pourrait être appliquée aux Antilles et à la Réunion ; mais il ne faut pas que le sort de notre empire colonial soit lié à la fortune de ces colonies, et que l'organisation de toutes nos possessions soit nécessairement fondue dans le même moule que les institutions de ces anciennes dépendances. En ce qui concerne nos autres établissements, un régime de décentralisation facilitant la rapide solution des affaires locales, nous paraît devoir donner satisfaction à leurs besoins, bien mieux que la recherche systématique d'une uniformité à laquelle se refusent les conditions économiques des diverses régions que nous occupons, et les mœurs de leurs habitants. Ce résultat serait obtenu par la concentration, dans les mains du ministre des Colonies, de l'ensemble des services coloniaux, en dehors de toute intervention d'autres départements ministériels, et par une large extension des pouvoirs des gouverneurs en matière administrative. Toute organisation qui s'écarterait de ces principes fondamentaux: unité de direction dans la métropole, unité d'autorité dans les colonies, ne pourrait que favoriser les abus, provoquer les conflits, livrer à la confusion et au désordre l'administration de nos possessions extérieures.

TITRE Ier

ADMINISTRATION DES COLONIES

CHAPITRE Ier

ADMINISTRATION DES COLONIES DANS LA MÉTROPOLE

§ 1.—**Administration centrale des colonies.**

La première organisation de l'administration centrale des colonies, créée par Colbert, en 1669, sous le nom de Secrétariat d'État de la Marine et des Colonies, subsiste jusqu'à la Révolution. Un décret du 27 avril 1791 fait de cette Institution un ministère divisé en deux sections, — marine, colonies, — la seconde étant chargée de l'administration : 1° des colonies dans les îles et sur le continent d'Amérique, à la côte d'Afrique, et au delà du cap de Bonne-Espérance ; 2° des établissements et comptoirs français en Asie et en Afrique.

Pendant la période consulaire intervient un acte législatif qui demande à être spécialement mis en lumière. Par la loi du 5 nivôse an VIII, la direction des Colonies est dégagée de l'Administration générale de la Marine et spécialement confiée à un conseiller d'État, sur lequel le ministre de la Marine ne garde plus qu'une autorité de principe découlant de sa responsabilité propre. Mais cette autonomie ne se maintient pas sous le premier Empire et, jusqu'au 24 juin 1858, la direction des Colonies n'est plus qu'un simple rouage de l'Administration centrale du département de la Marine et des Colonies. Il est toutefois intéressant de noter que, sous la Restauration, une ordonnance du 6 janvier 1824 crée un conseil supérieur et un bureau du commerce et des colonies qui, après avoir été successivement attachés à divers ministères, disparaissent le 29 avril 1831, lors de l'institution du Conseil général du commerce.

En fondant, le 24 juin 1858, au profit du prince Napoléon, son cousin, le ministère de l'Algérie et des Colonies, l'empereur Napoléon III cède surtout à des considérations politiques. Si le principe est excellent, l'idée, surtout en ce qui concerne l'Algérie, n'est ni assez mûre, ni suffisamment étudiée. Aussi n'est-ce là qu'une tentative essentiellement temporaire et, par le décret du 24 novembre 1860, les colonies sont replacées sous l'autorité du chef du département de la Marine.

La grande œuvre de la troisième République aura été d'avoir fait la France *plus grande*. Avec l'extension de notre domaine colonial, la tendance à l'autonomie dans sa direction s'accentue. Petit à petit l'administration civile se substitue à l'administration militaire, les idées s'orientent vers l'expansion commerciale et l'étude du développement progressif des intérêts économiques et financiers de nos possessions s'impose. Celles-ci ont cessé, en effet, d'être des centres presque exclusivement militaires, elles exigent une administration plus décentralisatrice, plus souple, leur laissant une plus grande liberté d'action. Gambetta le comprend et, dans le cabinet qui garde son nom, les colonies sont rattachées au département du Commerce. Si, le 9 août 1882, elles reviennent au ministère de la Marine, l'idée n'en a pas moins germé, puisqu'un sous-secrétariat d'Etat est créé avec mission, comme sous l'empire de la loi du 5 nivôse an VIII, d'améliorer l'organisation des colonies en même temps que d'assurer leur direction politique et administrative.

La réforme nécessaire se réalise enfin en 1889. Le 14 mars de cette année, un décret rattache les colonies au département du Commerce et de l'Industrie; le 19 mars suivant, par un nouvel acte du pouvoir exécutif, le sous-secrétaire d'Etat spécialement chargé de l'administration des colonies reçoit les pouvoirs les plus étendus. Admis à siéger normalement au conseil des ministres, il a la délégation générale de la signature du ministre chargé des colonies pour toute la correspondance et tous les actes émanant de l'Administration des colonies, sauf pour ceux qui doivent être soumis à l'approbation du Président de la République. Toute la correspondance des colonies ou concernant les affaires coloniales doit, d'autre part, lui être adressée directement. Il possède, enfin, la signature des décisions portant nomination dans le personnel colonial autres que celles devant être effectuées par décret.

En fait, à partir de 1889, le ministre chargé des colonies ne conserve donc, comme unique attribution coloniale, que la prérogative réservée par la Constitution de 1875 aux seuls ministres : celle de présenter les décrets concernant l'administration des colonies à la signature du Président de la République, et de les contresigner. En échange, et toujours en vertu des termes de la même Constitution, il est seul responsable devant le Parlement des faits de cette administration à laquelle il ne participe que pour la forme, administration rendue d'autant plus importante et plus lourde que, chaque jour, nos soldats, nos explorateurs, nos marins, reprenant les glorieuses traditions des siècles passés, portent plus loin le pavillon tricolore. La nécessité de la création d'un ministère spécial aux colonies devient évidente. Les Chambres s'en rendent compte et, le 20 mars 1894, le Ministère des Colonies est fondé.

Tel est l'historique de l'Institution dont il nous reste à exposer le fonctionnement.

Le ministre est, avant tout, une personnalité politique. Chargé de défendre devant le parlement et le Chef de l'Etat les intérêts coloniaux dont il a à assurer la sauvegarde, il doit, et préparer les décisions à intervenir, et veiller à la stricte exécution des lois et décrets. Mais il a, également, une action propre qui se traduit par des arrêtés, des circulaires ou instructions, des ordres, qui tous constituent des actes d'administration ayant pour but soit d'édicter les mesures à suivre dans des circonstances déterminées, soit de régler des questions d'intérêt spécial, soit d'interpréter les lois et règlements en en précisant la portée. Dans un rôle aussi complexe, le ministre est assisté par un personnel à la fois administratif et technique, chargé d'assurer l'exécution des services.

Le problème de la meilleure organisation possible de l'Administration centrale des Colonies ne paraît pas encore définitivement résolu. Deux systèmes se sont trouvés tour à tour en présence, ayant chacun et leurs avantages et leurs inconvénients : celui de la division des affaires par spécialité, celui de leur répartition d'après la situation géographique des colonies qu'elles intéressent. Ce dernier groupement, aujourd'hui partiellement en vigueur, a fait l'objet des règlements d'administration publique du 5 mai 1894 et du 23 mai 1896 ; il se justifie, principalement, par la nécessité de tenir compte des analogies et surtout des différences existant entre nos diverses possessions. Mais le classement des affaires d'après leur nature, qui avait inspiré les règlements des 3 janvier 1887 et 20 février 1896, assure l'unité de vues et facilite l'étude et la solution des questions semblables. Le groupement géographique est d'ailleurs incompatible avec l'organisation de services tels que ceux du Personnel, de la Justice, de l'Instruction publique et des Cultes, des Banques coloniales, de la Comptabilité et de l'Administration pénitentiaire. Aussi, le système actuel, bien qu'il soit fondé sur la répartition géographique, est-il en quelque sorte mixte, puisqu'il a dû s'incliner devant les nécessités qui viennent d'être signalées.

D'après le décret-règlement d'administration publique du 23

mai 1896, l'Administration centrale du ministère des colonies est constituée par:

Le *Secrétariat général*, ayant à sa tête un secrétaire général assisté d'un sous-directeur, de deux chefs de bureau et d'un chef de service.

Le secrétariat général comprend trois bureaux et une section spéciale :

Le 1er bureau ou secrétariat technique s'occupe des rapports avec la Présidence de la République et les divers ministères. Il a dans ses attributions l'enregistrement, le chiffre, les relations avec la presse, les propositions pour distinctions honorifiques.

Le 2e bureau prend pour titre : Personnel de l'Administration centrale et des services civils autres que la magistrature, l'enseignement et les cultes. Personnel militaire. — Comme à une véritable direction du Personnel, c'est à lui qu'incombe la préparation de tous les décrets et règlements relatifs au personnel (nominations, avancement, mutations, mises à la retraite); c'est également lui qui, soit par l'Ecole coloniale, soit par des emprunts faits à d'autres départements ministériels, assure le recrutement du commissariat colonial, du corps de santé des colonies, de la gendarmerie, et des autres officiers, fonctionnaires ou agents nécessaires à la bonne marche des services publics dans nos possessions d'outre-mer.

Le 3e bureau, qui s'intitule : Magistrature, enseignement, cultes, affaires ressortissant à ces services, archives, — a dans ses attributions tout ce qui concerne l'administration de la justice (organisation du service judiciaire, personnel, notariat, demandes de naturalisation, grâces, etc.), de l'instruction publique et des cultes ; il a la garde des archives coloniales et, en cette qualité, délivre les expéditions authentiques des actes de l'état civil passés aux colonies. Il s'occupe des successions vacantes. Enfin c'est de lui que relève le Comité du contentieux.

La section spéciale du secrétariat général est surtout un service technique, ayant dans ses attributions tout ce qui concerne le service géographique, les publications scientifiques, l'étude des missions, la participation aux expositions et enfin les relations avec le Conseil supérieur des colonies.

La 1re *Direction: Afrique*. — Cette direction administre nos colonies d'Afrique, à l'exception de la Réunion. Ayant à sa tête un directeur assisté de deux chefs de bureau, elle traite dans ses deux bureaux (Afrique ; — Madagascar, Mayotte et Comores) toutes les affaires politiques, administratives, économiques et commerciales concernant notre empire africain. Elle réglemente ainsi l'administration des populations indigènes, leur représentation aux diverses assemblées élues, elle examine les budgets locaux présentés par les diverses colonies et étudie pour chacune le meilleur régime financier, industriel et commercial à adopter.

La 2e *Direction : Asie, Amérique, Océanie*. — Cette direction administre, dans les mêmes conditions que la précédente, nos possessions d'Asie, d'Amérique et d'Océanie, et l'île de la Réunion qui, ainsi qu'il a déjà été exposé, a été distraite de la direction de l'Afrique pour être associée, en vue de l'unité de l'action à y exercer, aux Antilles françaises. Trois bureaux, dirigés par un sous-directeur et deux chefs de bureau, étudient, sous l'autorité d'un directeur, le premier, les affaires politiques, administratives, économiques et commerciales concernant l'Amérique, l'Océanie et la Réunion ; le second, les mêmes affaires concernant l'Inde et l'Indo-Chine ; le troisième, plus spécial, les questions relatives aux banques coloniales (Guadeloupe, Martinique, Réunion, Guyane, Sénégal, Indo-Chine) et au crédit foncier colonial.

La 3e *Direction : Comptabilité et services pénitentiaires*. — Le titre même de cette direction résume ses attributions. Le travail y est réparti entre quatre bureaux, dirigés par deux sous-directeurs et deux chefs de bureau, placés sous l'autorité d'un directeur.

Le 1ᵉʳ bureau s'occupe des budgets et comptes. Il prépare le projet de budget colonial qui sera soumis au Parlement, établit les demandes de crédits supplémentaires et extraordinaires, dresse les comptes financiers. C'est à lui que sont réservés l'ordonnancement des dépenses coloniales, la comptabilité des dépenses engagées et toutes les questions relatives à la comptabilité-matières du département.

Le 2ᵉ bureau (approvisionnements généraux, transports et service intérieur) est chargé d'acheter, et ensuite de faire transporter jusqu'à destination, les vivres, les médicaments et le matériel demandés par les services civils et militaires et les hôpitaux coloniaux, les services locaux et municipaux. De lui dépendent, à ce titre, la commission permanente des marchés et des recettes, siégeant à Paris, au magasin central des approvisionnements, et les bureaux des services administratifs coloniaux, dirigés par le commissariat colonial dans les ports du Havre, de Nantes, de Bordeaux et de Marseille. Le service intérieur du ministère et l'entretien de l'hôtel du ministre rentrent dans les attributions du 2ᵉ bureau.

Au 3ᵉ bureau incombent les questions de solde et indemnités de toute nature à allouer au personnel du département. Il s'occupe également des délégations, des pensions et secours et centralise l'administration des services militaires.

Le 4ᵉ bureau, enfin, entièrement consacré à l'administration pénitentiaire, assure dans tous leurs détails les services de transportation, de relégation et de colonisation pénale.

Telle est la constitution de l'Administration centrale du ministère des Colonies ; il nous reste maintenant à indiquer la hiérarchie et les modes de recrutement, avancement et mise à la retraite du personnel qui la compose.

Aux termes du décret portant règlement d'administration publique du 23 mai 1896, les cadres de l'Administration centrale comprennent, en dehors du secrétaire général, trois directeurs, quatre sous-directeurs, huit chefs de bureau, quatorze sous-chefs de bureau. Le nombre des rédacteurs principaux et rédacteurs ne peut dépasser soixante-dix unités, celui des commis expéditionnaires principaux et commis expéditionnaires, trente-cinq, y compris les rédacteurs et commis expéditionnaires stagiaires. Le secrétaire général, les directeurs et sous-directeurs sont nommés par décret ; tous les autres fonctionnaires ou employés, par arrêtés ministériels. Aucune autre condition que celles qui règlent l'accès de tout citoyen aux fonctions publiques n'est requise pour la nomination aux emplois de secrétaire général et directeur qui est laissée exclusivement au choix du ministre. A cette exception près les règles de recrutement et d'avancement sont strictement déterminées et par le texte précité et par le décret-règlement du 22 janvier 1898.

En principe, nul ne peut être admis dans le personnel de l'administration centrale, en dehors des anciens sous-officiers ou des fonctionnaires ou employés coloniaux pour lesquels des emplois ont été réservés, s'il n'a été employé dans les bureaux en qualité de stagiaire pendant un an au moins. Un concours, dont les conditions sont fixées par le ministre, conduit à la situation d'expéditionnaire ou de rédacteur stagiaire. Les élèves brevetés de l'Ecole Coloniale peuvent être nommés directement dans la proportion du quart des vacances. L'avancement a ensuite lieu au choix, après une période de services déterminée ; mais, pour parvenir aux emplois supérieurs (sous-chefs, chefs et sous-directeur), il est nécessaire d'avoir été inscrit par le conseil des directeurs à un tableau d'avancement sur lequel le ministre fait porter ses choix dans les limites du crédit figurant au chapitre du personnel de l'Administration centrale. L'obligation d'un certain temps de séjour aux colonies est de plus requise, sauf cas exceptionnel, pour pouvoir être proposé pour l'emploi de sous-chef de bureau.

Le personnel de l'Administration centrale du ministère des Colonies est retraité conformément aux prescriptions de la loi du 9 juin 1853, c'est-à-dire au bout de 60 ans d'âge, et après 30 ans de services effectifs.

§ 2. — Institutions et services divers.

A côté de l'Administration centrale fonctionnent diverses Institutions destinées à la compléter dans son œuvre d'administration.

La *Direction du contrôle*, créée par un décret du 17 août 1894, pour remplacer le service central de l'Inspection des colonies, dont l'organisation avait fait l'objet d'un arrêté du 14 mars 1892, exerce à l'égard des services de l'Administration centrale des attributions de surveillance administrative et financière. Elle reçoit communication, avant décision, de tous rapports, dépêches, projets de décrets ou de décisions entraînant engagement ou liquidation de dépenses; elle est représentée auprès des commissions chargées, à Paris, de passer des marchés ou de procéder à des recettes; elle vise les cahiers des charges, marchés, contrats ou transactions, les mémoires de pensions ou de secours, les ordonnances de délégation ou de paiement. Enfin, la direction du contrôle, dont le personnel appartient à l'Inspection des colonies, administre les fonctionnaires de ce corps, prépare leurs missions et centralise leurs travaux.

L'*Inspection des colonies* dont les attributions de contrôle et le mode d'action ont été nettement déterminés par l'arrêté du 29 novembre 1887, la circulaire du 18 janvier 1888 et le décret du 3 février 1891, est le lien qui rattache les services d'administration de la métropole aux services d'exécution dans les colonies. Au moyen de missions désignées par le ministre, elle va recueillir, sur place, les explications et renseignements nécessaires, assure la vérification des services administratifs et financiers, tant coloniaux que locaux ou municipaux, de tous nos établissements, et constate les conditions d'exécution des lois, décrets et règlements.

Les inspecteurs des colonies en mission ne relèvent que du ministre ; ils se conforment à ses ordres, et reçoivent, par son intermédiaire, des instructions du ministre des finances, en ce qui concerne la vérification des services financiers.

Le corps de l'Inspection des colonies se recrute, dans les conditions prévues par les décrets des 9 août 1889 et 23 février 1898, par la voie d'un concours ouvert entre des fonctionnaires coloniaux d'un rang déterminé, des officiers ou assimilés titulaires du grade de capitaine depuis plus de trois ans, et des adjoints à l'Inspection des colonies choisis eux-mêmes, au concours, parmi des jeunes gens possesseurs de certains diplômes ou titres universitaires. La hiérarchie comprend des inspecteurs de 3e, 2e et 1re classe, et des inspecteurs généraux de deux classes. Ce personnel, sauf règles posées par des dispositions transitoires, est retraité d'après la loi du 9 juin 1853.

L'Inspection générale des travaux publics des colonies, organisée par les décrets des 17 août 1894 et 17 août 1897, à laquelle se trouve annexé un *Comité des travaux publics des colonies* (Décrets des 21 novembre 1895, 20 mai 1896 et 31 juillet 1897) a pour mission d'étudier tous les plans, projets et devis des travaux publics à effectuer aux colonies, et d'en faire vérifier par ses ingénieurs-inspecteurs l'exécution technique. Elle a à sa tête un ingénieur en chef des ponts et chaussées, assisté d'un certain nombre d'ingénieurs.

L'Inspection générale du service de santé des colonies et pays de protectorat (décrets des 7 janvier 1890 et 17 août 1894 et arrêté ministériel du 27 février 1897), dans le sein de laquelle est constitué le *Conseil supérieur de santé*, a la direction du service technique des hôpitaux, lazarets, asiles et autres établissements sanitaires des services coloniaux ou locaux; elle intervient dans les concessions de congés de convalescence et de pensions de réformes; elle fait procéder à la visite et à la contre-visite des fonctionnaires coloniaux. Tous ses membres appartiennent au Corps de santé des colonies.

Le *Comité technique militaire des colonies*, créé par le décret du 23 mai 1896, modifié par le décret du 23 juillet 1897, et réorganisé par le décret du 1er août 1899, a remplacé l'ancienne direction de la défense. Son but est de donner un avis sur toutes les questions qui lui sont soumises par le ministre concernant la défense de nos colonies et pays de protectorat autres que l'Algérie et la Tunisie. Il comprend, sous la présidence du ministre des Colonies, sept membres ayant voix délibérative, qui sont les inspecteurs généraux de l'infanterie et de l'artillerie de marine, le contre-amiral, sous-chef d'état major de la marine, les inspecteurs généraux permanents des travaux de l'artillerie et du génie pour la défense des côtes, le général, sous-chef d'état major général de l'armée et l'officier supérieur, chef du secrétariat du comité. Ce secrétariat constitue le *bureau militaire des colonies* que l'arrêté ministériel du 8 août 1899 divise en deux sections : la première comprend les services techniques et les affaires militaires générales, la seconde, l'administration du personnel militaire propre au département ou qui lui est prêté par les ministères de la Marine ou de la Guerre.

Il est également utile de citer : *la Commission permanente des marchés et des recettes*, annexe du 2e bureau de la 3e direction qui, présidée par un commissaire général colonial et composée de membres techniques et administratifs, passe, conformément aux Conditions générales du département en date des 20 janvier 1899 et 7 juillet 1899, les marchés à effectuer suivant les ordres reçus du bureau des approvisionnements généraux, examine les fournitures livrées en vertu desdits marchés et en effectue la recette ; — *la Commission permanente du régime pénitentiaire*, — *le Comité consultatif du contentieux des colo-*

nies, — *le Comité supérieur consultatif de l'instruction publique des colonies*, — *le Comité consultatif de l'agriculture, du commerce et de l'industrie des colonies*, — *la Commission de surveillance des banques coloniales*, — *la Commission de vérification des comptes de la Compagnie du chemin de fer de Dakar à Saint-Louis*, — *la Commission de vérification des comptes des budgets régionaux du Sénégal*, — *la Commission de surveillance du chemin de fer et du port de la Réunion*.

Enfin le département des Colonies avait besoin d'avoir des représentants officiels dans nos grands ports de commerce, gares de départ et d'arrivée des lignes de navigation aboutissant à notre domaine d'outre-mer. Il a donc installé au Havre, à Nantes, à Bordeaux et à Marseille *un service administratif* qu'il a remis aux soins des fonctionnaires du commissariat colonial. Dans les bureaux ainsi ouverts sont embarqués et débarqués les passagers après visite médicale; sont établis les mandats de paiement d'avance ou d'arriéré de solde, de frais de route et de séjour, les réquisitions de passage; sont passés des marchés (principalement d'affrètement) et liquidées et mandatées les dépenses y afférentes (décret du 18 juin 1889).

Mais là ne s'arrête pas l'organisation coloniale dans la métropole; elle se complète, en effet par l'*École coloniale*, chargée d'assurer le recrutement des fonctionnaires coloniaux; par l'*Office colonial* dont la création a pour but, en faisant connaître les produits de nos possessions d'outre-mer aux colons, de favoriser leur émigration vers la France nouvelle, en augmentant en même temps, par le développement de son commerce et de son industrie, la richesse de la mère-patrie; et enfin par le *jardin d'essai colonial*.

L'*École coloniale* fut fondée à Paris, sous le nom d'Ecole cambodgienne, en octobre 1885. Sa première destination fut d'abord d'apprendre notre langue à de jeunes Cambodgiens et de les initier à nos usages et à nos mœurs; mais lorsque le décret du

28 février 1888 l'eut dotée d'une organisation administrative et financière, elle ne tarda pas à s'orienter dans une voie plus positive. C'est ainsi qu'il fut décidé qu'à l'avenir les élèves indigènes, originaires non plus du seul Cambodge, mais de toute l'Indo-Chine, devraient justifier, avant leur départ de la colonie, d'une connaissance suffisante de la langue française, et qu'ensuite leur seraient sommairement enseignés les éléments de la littérature française, de l'histoire, des mathématiques. Etaient de plus introduits, dans le plan d'études, l'instruction morale et civique, adaptée à la législation mixte qui régit nos possessions d'outre-mer et les pays soumis à notre protectorat, et l'exposé sommaire des institutions et de l'organisation de la France. Enfin l'éducation était complétée par l'apprentissage d'emplois ou d'arts spéciaux.

Telle fut l'origine de l'Ecole coloniale, origine qui se retrouve dans le fonctionnement de la section indigène de l'Institution dont le but, autrement plus étendu aujourd'hui, est d'assurer à nos divers services coloniaux des fonctionnaires à la hauteur des tâches, souvent délicates, qu'ils sont appelés à remplir.

Avec l'extension toujours croissante de notre domaine d'outremer et l'attention plus soutenue que prêtait le Parlement aux entreprises coloniales, auxquelles il ne marchandait pas son appui, il devenait nécessaire de former des administrateurs qui, élevés dans l'étude du droit et des règlements qui sont la base de notre administration publique, fussent suffisamment instruits dans les questions d'économie politique et financière pour pouvoir assurer une prompte mise en valeur de nos nouvelles richesses territoriales. Ce fut le but du décret du 23 novembre 1889, que complétèrent divers actes du pouvoir exécutif, notamment les décrets des 2 avril 1896 et 21 juillet 1898 et les arrêtés ministériels des 21 juillet 1896 et 25 juillet 1898.

L'Ecole coloniale constitue un établissement public ayant une existence autonome. Elle est administrée par un conseil d'administration dont les membres et le président sont nommés par le ministre des Colonies. A côté de ce conseil fonctionne un conseil de perfectionnement, composé de 40 membres et présidé par le ministre des Colonies, qui est obligatoirement consulté sur les projets de décrets et arrêtés relatifs à l'organisation et au fonctionnement de l'école, sur le programme général de l'enseignement, sur le choix du directeur et des professeurs titulaires. L'Ecole comprend quatre sections administratives, une section commerciale, une division préparatoire et une section indigène. Les sections administratives prennent le titre de : commissariat colonial, — carrières indo-chinoises, — carrières africaines, — administration pénitentiaire. L'admission y a lieu, au concours, parmi les jeunes gens français âgés de 18 ans au moins et de 22 au plus, possesseurs du diplôme de bachelier ou de titres universitaires en tenant lieu. Les élèves sont externes et la durée du cours est fixée à deux ans, au bout desquels ils ont à satisfaire à un examen de sortie en vue de l'obtention du brevet.

Les élèves brevetés de l'Ecole coloniale peuvent, suivant la section à laquelle ils ont appartenu, et dans une proportion déterminée par les règlements constitutifs des corps, être nommés : — aides-commissaires-stagiaires coloniaux (la production du diplôme de licencié en droit est exigée) ; — chanceliers stagiaires au Cambodge, en Annam et au Tonkin ; — élèves administrateurs en Cochinchine ; — administrateurs stagiaires coloniaux ; — commis principaux de 1re classe stagiaires de l'administration pénitentiaire ; — enfin, quelle que soit la section à laquelle ils ont appartenu, s'ils sont pourvus du diplôme de licenciés en droit, commis rédacteurs stagiaires de l'administration centrale.

L'Office colonial, créé par le décret du 14 mars 1899, a remplacé l'Exposition permanente des colonies dont le but, aux termes de l'acte constitutif du 25 octobre 1855, était de

« mettre sans cesse sous les yeux du public les richesses si variées de nos colonies ». A l'Exposition permanente avait été annexé, par arrêté du 1ᵉʳ octobre 1894, un service spécial de renseignements commerciaux et de colonisation.

Conçu d'après une idée analogue à celle qui a présidé à la fondation des musées commerciaux de Bruxelles et de Berlin, l'Office colonial comprend : 1° un service de renseignements et d'émigration ; 2° une exposition permanente contenant tous les échantillons des produits coloniaux (exportation et importation), et les types des produits métropolitains les plus demandés par nos clients indigènes ; 3° une bibliothèque ouverte au public. Constitué en service autonome indépendant de l'Administration centrale, il est destiné à entretenir des relations constantes avec les musées coloniaux de province. Il fonctionne sous la haute surveillance d'un conseil de perfectionnement comprenant les membres du Comité consultatif de l'agriculture, du commerce et de l'industrie auxquels sont adjoints les présidents des principales Chambres de commerce de France. Le conseil est présidé par le ministre des Colonies. L'Office colonial, enfin, est administré par un conseil composé de sept membres, dont quatre choisis au sein du conseil de perfectionnement et trois parmi des représentants de l'administration coloniale. Le président et les membres du conseil d'administration sont nommés par le ministre des Colonies.

C'est un décret du 28 février 1899 qui a décidé l'installation d'un *Jardin d'essai colonial* à Vincennes. Ce jardin doit servir de lien entre tous les jardins d'essais de nos colonies, les conseiller, les guider dans leurs travaux, tenir à leur disposition les boutures, semis et graines dont ils pourraient avoir besoin, centraliser et transmettre les renseignements nécessaires à l'amélioration des vieilles cultures coloniales et au développement des nouvelles, et nouer, enfin, d'une façon suivie, des relations avec les établissements similaires de l'étranger. L'Institution est administrée par un conseil dont les membres sont nommés par le ministre des Colonies.

Pour pouvoir permettre au Jardin d'essai colonial de rendre tous les services qu'on est en droit d'attendre de son organisation et pour instituer auprès du Département un organe ayant l'autorité et la compétence nécessaires pour donner tous les renseignements d'ordre technique que peut exiger le développement de l'agriculture coloniale, un arrêté ministériel du 6 novembre 1899 a décidé d'attribuer au directeur actuel du Jardin de Nogent le titre d'Inspecteur Général de l'Agriculture coloniale.

CHAPITRE II

ADMINISTRATION LOCALE (1)

SECTION 1re

GOUVERNEURS. — CHEFS D'ADMINISTRATION ET DE SERVICE. — CONSEILS PLACÉS AUPRÈS DES GOUVERNEURS.

§ 1er. — Gouverneurs, leurs pouvoirs. — Gouverneurs généraux

Le haut fonctionnaire qui représente le pouvoir exécutif dans nos colonies, celui que les ordonnances constitutives de 1825 et 1827 appelaient le « dépositaire de l'autorité du Chef de l'Etat », et auquel aujourd'hui les décrets du 21 octobre 1891 (Indo-Chine), et 11 décembre 1895 (Madagascar) confient le dépôt « des pouvoirs de la République », prend, suivant l'importance de la mission qui lui est confiée, le titre de gouverneur général ou de gouverneur.

Les gouverneurs sont nommés par décret, sans avoir à satisfaire à d'autres conditions qu'à celles qui sont requises de tout citoyen français, pour l'accès aux fonctions publiques. En dehors de la position normale d'activité, ils sont susceptibles d'être placés en disponibilité pendant une période qui ne saurait dépasser trois ans. Leur révocation ne peut être prononcée que par

(1) Sur toutes les matières qui font l'objet de ce chapitre, l'ouvrage de M. E. Petit, secrétaire général des colonies, sur *l'Organisation générale des colonies françaises*, pourra être très utilement consulté.

décret, et cette mesure doit s'appuyer sur l'avis motivé d'un conseil d'enquête. En conformité des dispositions du décret du 21 mai 1880 ils ont droit à une retraite à forme militaire.

Deux seules restrictions ont été apportées à la capacité civile des gouverneurs par l'ordonnance du 9 février 1827, en égard à leur haute situation. Ils doivent solliciter l'autorisation du Chef de l'Etat, s'ils veulent se marier dans la colonie où ils exercent leurs fonctions. Ils ne peuvent, sans cette même autorisation, y acquérir des propriétés foncières.

Depuis le décret du 2 février 1890 modifié par celui du 14 mars 1893, le cadre des gouverneurs proprement dit comprend quatre classes qui sont personnelles et absolument indépendantes de la résidence. L'avancement, qui exige deux ans d'ancienneté dans la classe inférieure, ne se traduit donc que par une augmentation de traitement.

Chef supérieur de toute l'administration locale, le gouverneur ne reçoit d'ordres que du ministre des Colonies. Ses attributions, fondées sur les actes organiques de chaque colonie, sont multiples. Elles ont toutes pour but de consacrer le principe de l'autorité de la métropole sur les territoires où flotte son pavillon (1).

Les pouvoirs des gouverneurs peuvent être envisagés dans leur généralité de la façon suivante :

Pouvoirs militaires. — Aux termes des ordonnances constitutives, les gouverneurs, qui d'ailleurs appartenaient alors tous à l'ordre militaire, possédaient les pouvoirs militaires les plus étendus. Cette organisation ne pouvait subsister avec l'installation des gouverneurs civils et, d'après un décret du 21 janvier 1888, dont le principe a été reproduit dans le décret du 1er avril 1899 sur la constitution de points d'appui de la flotte

---

(1) Voir, au sujet des attributions des gouverneurs, une proposition de loi concernant le gouvernement et l'administration des colonies. — (Annexe au procès-verbal de la séance du Sénat du 13 décembre 1898).

aux colonies, ces hauts fonctionnaires (sauf en ce qui concerne la Martinique, la Guadeloupe et la Réunion où les anciens textes, auxquels il n'a pas été porté atteinte, ont toujours force de loi), tout en étant responsables, sous l'autorité directe du ministre des Colonies, de la garde et de la défense intérieure et extérieure des territoires placés sous leurs ordres, ne peuvent, à moins qu'ils n'appartiennent eux-mêmes à l'armée, exercer effectivement le commandement des troupes de terre et de mer. Aussi est-il placé près d'eux, et relevant de leur autorité, un commandant supérieur des troupes, auquel est adjoint un commandant de la marine, dans les colonies où existent des ports points d'appui de la flotte.

En cas de péril imminent menaçant la sécurité intérieure ou extérieure, le gouverneur a seul le droit de déclarer l'état de siège sur toute l'étendue ou sur une partie du territoire de la colonie. Il rend compte de cette mesure au ministre et la rapporte, dès que les événements qui la justifiaient ont pris fin (loi du 9 août 1849).

Pouvoirs administratifs. — Les gouverneurs ont la direction supérieure de toutes les administrations et donnent les ordres généraux qui sont ensuite exécutés par les différents chefs d'administration. Dotés par les textes organiques d'attributions générales, en ce qui concerne les conseils généraux et municipaux, ils interviennent d'une façon très définie en matière financière. C'est à eux, en effet, qu'incombe, aux termes du décret du 20 novembre 1882, le soin d'arrêter le budget local, et de le rendre exécutoire par une décision prise en conseil privé. Ils prennent les mesures nécessaires pour parer au cas où le budget local n'aurait pas été voté en temps voulu par le conseil général, approuvent les crédits supplémentaires votés, s'il y a lieu, par cette assemblée, et pourvoient, à défaut de vote d'une dépense obligatoire, à l'exécution du service qu'elle concerne, dans les conditions déterminées par le règlement financier précité. Enfin, ils statuent définitivement, après examen d'une commission prise dans le sein du conseil privé, sur les comptes d'exercice présentés par l'ordonnateur local, et approuvent les comptes émanant des ordonnateurs municipaux.

Les gouverneurs ont, en ce qui concerne l'instruction publique, des droits spéciaux. En dehors des colonies à législature, où a été rendue applicable la loi du 30 octobre 1886, aucune école ne peut être ouverte sans leur autorisation. Ils sont chargés, en matière de haute police, de prendre toutes les mesures destinées à assurer la sûreté et la tranquillité de leur colonie. Ils accordent les dispenses de mariage dans les cas prévus par les articles 155 et 164 du code civil. Enfin, d'après les décrets des 3 janvier 1851 et 31 octobre 1866, sur le régime des fabriques, ils exercent, en conseil privé, les pouvoirs que le décret du 30 décembre 1809 avait réservés au Chef de l'Etat, au ministre de l'Intérieur et des Cultes, aux préfets et aux conseils de préfecture.

Pouvoirs relatifs à l'administration de la justice. — Les gouverneurs n'exercent qu'un droit de haute surveillance sur l'administration de la justice, au moyen de l'examen des comptes périodiques à eux fournis par le chef du service judiciaire, et transmis ensuite au département. Ils doivent assurer l'exécution des jugements et arrêts, peuvent nommer des magistrats intérimaires, lorsque des fonctions judiciaires se trouvent vacantes, par suite d'absence ou d'empêchement des magistrats désignés par les actes organiques pour prendre l'intérim ; ils ordonnent, en conseil privé, l'exécution des condamnations capitales, sauf à surseoir, si un recours en grâce est formulé par deux membres au moins dudit conseil.

Il est interdit aux gouverneurs de s'immiscer dans les affaires qui sont de la compétence des tribunaux ; ils ne peuvent s'opposer à aucune procédure civile ou criminelle, et ne doivent exercer aucune action sur le ministère public, à moins que l'intérêt de l'Etat ne soit directement en jeu. Une circulaire ministérielle du 15 octobre 1883 définit d'ailleurs nettement la situation respective du gouverneur et de l'autorité judiciaire.

Les gouverneurs ou leurs délégués légalisent toutes les pièces à envoyer hors de la colonie (circulaire du 1er septembre 1874).

Pouvoirs à l'égard des fonctionnaires et des agents du gouvernement. — L'autorité du gouverneur s'étend sur le personnel de toutes les administrations de la colonie.

Sans pouvoir créer de nouveaux emplois, s'il n'y est autorisé par une délibération du conseil général, dans les colonies dotées de cette institution, le gouverneur pourvoit à toutes les nominations qui ne sont pas réservées au Chef de l'Etat et au ministre ou abandonnées aux chefs d'administration. Il a dans les mêmes limites le droit de révocation.

Pouvoirs à l'égard de la législation coloniale. — On a déjà vu, à propos de la constitution coloniale, que les gouverneurs sont chargés de promulguer les lois et décrets concernant les colonies, et dans quelles conditions ils procèdent à cette promulgation.

Les gouverneurs peuvent, en conseil privé, prendre des arrêtés concernant les matières d'administration et de police dont la réglementation rentre dans leurs attributions. Ces arrêtés sont exécutoires, *ipso facto*, sans qu'il y ait besoin de l'approbation du Ministre. Ce dernier a, toutefois, le droit, en tant que supérieur hiérarchique, de prescrire aux gouverneurs de rapporter leurs arrêtés.

La loi du 8 janvier 1877 et trois décrets du 6 mars 1877 donnent aux gouverneurs le droit de sanctionner les arrêtés et décisions, pris par eux pour assurer l'exécution des lois et décrets promulgués dans la colonie, ou pour régler les affaires d'administration et de police, en édictant des pénalités pouvant s'élever jusqu'à 15 jours de prison et 100 francs d'amende. Toutefois, lorsque ces peines excèdent cinq jours de prison ou

15 francs d'amende, les arrêtés intervenus deviennent caducs, si, dans un délai qui varie entre quatre et huit mois selon la colonie, ils n'ont été approuvés par décret (Décrets des 6 mars et 20 septembre 1877).

Pouvoirs diplomatiques. — Des actes spéciaux règlent les rapports que peuvent avoir les gouverneurs, en ce qui concerne les colonies qu'ils administrent, avec les gouvernements d'un certain nombre de pays étrangers dont les possessions sont limitrophes ou voisines des nôtres.

Lorsqu'ils y ont été autorisés, les gouverneurs négocient des conventions commerciales ou autres, dont la conclusion définitive exige d'ailleurs une ratification régulière, dans les formes fixées par la loi.

Pouvoirs extraordinaires. — Les anciennes ordonnances accordaient aux gouverneurs le droit d'exclure d'un des cantons ou de mettre en surveillance dans un canton déterminé les individus compromettant ou troublant la tranquillité, d'expulser, pour un temps ou pour une durée illimitée, les personnes coupables d'actes tendant à attaquer le régime constitutif des colonies, de refuser l'admission dans les colonies, des individus dont la présence était jugée nuisible. Le décret du 7 novembre 1879, dont les dispositions ont été généralisées par un décret du 26 février 1880, a considérablement amoindri ces pouvoirs extraordinaires.

En matière de haute police, les gouverneurs peuvent exercer toutes les attributions du Ministre, et les actes qu'ils accomplissent dans la limite de leurs pouvoirs relèvent uniquement de la juridiction administrative. La législation sur l'état de siège leur donne également les prérogatives considérables dont il a déjà été question. Ils ont, enfin, le droit de suspendre provisoirement les fonctionnaires, le conseil privé entendu, avec suppression de moitié du traitement jusqu'à décision définitive du pouvoir métropolitain. Une semblable mesure ne peut toutefois être prise à l'égard des chefs d'administration et des membres de la magistrature que sur leur refus de rentrer en France pour rendre compte de leur conduite au Ministre. Les décisions ainsi intervenues peuvent être déférées au contentieux par la voie du recours pour excès de pouvoir.

Les inspecteurs des colonies en mission échappent à l'action du gouverneur. Ils doivent s'incliner devant lui en tant que chef suprême de la colonie, mais ils ne relèvent que du Ministre.

Telles sont, tracées dans leurs grandes lignes, et sous réserve des dispositions spéciales que les actes organiques ont prévues pour chacune de nos colonies, les attributions des hauts fonctionnaires qui représentent dans notre domaine d'outre-mer le pouvoir exécutif métropolitain.

Actuellement ce pouvoir est exercé, au nom de la République française, par :

Un Gouverneur général en Indo-Chine, au Sénégal et sur la côte occidentale d'Afrique, à Madagascar ; un Gouverneur, à la Martinique, à la Guadeloupe, à la Réunion, à la Guyane, à la Nouvelle-Calédonie, à Tahïti, dans les établissements français de l'Inde, à Saint-Pierre et Miquelon, à la Guinée française, à la Côte-d'Ivoire, au Dahomey, à la côte française des Somalis, à Mayotte et aux Comores ; un Commissaire général du gouvernement, dans le Congo français ; un Lieutenant gouverneur, ayant rang de Gouverneur, en Cochinchine, au Gabon et dans l'Oubangui ; un Résident supérieur, ayant rang de Gouverneur, dans les protectorats du Cambodge, du Laos, de l'Annam et du Tonkin.

Il importe maintenant de spécifier l'action générale de gouvernement exercée par les Gouverneurs généraux de l'Indo-Chine et de l'Afrique occidentale française, celle qui est réservée par les décrets des 11 décembre 1895 et 30 juillet 1897 au gouverneur général de Madagascar ne s'écartant pas, d'une façon sensible, des attributions qui viennent d'être définies ci-dessus.

Aux termes du décret du 21 avril 1898, le Gouverneur général dépositaire des pouvoirs de la République dans l'Indo-Chine française a seul le droit de correspondre avec le gouvernement. Il a sous ses ordres directs le Lieutenant-gouverneur de la Cochinchine et les Résidents supérieurs au Cambodge, au Laos, en Annam et au Tonkin, qui sont nommés par décret sur sa présentation, ainsi que les résidents administrateurs des affaires indigènes, magistrats et chefs des principaux services. Mais, à cette exception près, il nomme à toutes les fonctions civiles et organise tous les services de l'Indo-Chine. Il communique avec les divers départements ministériels sous le couvert du ministre des Colonies, et correspond directement avec nos agents diplomatiques en Extrême-Orient. Il est responsable de la défense intérieure et extérieure de l'Indo-Chine et dispose à cet effet des forces de terre et de mer qui y sont stationnées, sans cependant pouvoir exercer le commandement des troupes. Aucune opération militaire ne peut être entreprise sans son autorisation. Il arrête enfin le budget général de l'Indo-Chine dans les formes définies par le décret du 31 juillet 1898 et veille à son exécution après qu'il a été approuvé par décret.

La nécessité de donner une direction politique commune à notre action autour du Soudan avait fait créer, par un décret du 16 juin 1895, le gouvernement général de l'Afrique occidentale française. Les colonies du Soudan français, de la Guinée française et de la Côte d'Ivoire étaient placées, avec le Sénégal qu'il administrait directement, sous la haute direction politique et militaire d'un Gouverneur général, tout en gardant respectivement leur autonomie administrative et financière. Le Gouverneur du Dahomey devait lui adresser un duplicata de tous ses rapports politiques et militaires. Les progrès que, grâce au courage et à l'énergie de nos soldats, l'influence française réalisa aussi bien dans les pays de la boucle du Niger que dans les régions plus voisines de la côte, déterminèrent le

Gouvernement à renforcer l'organisation édictée par l'acte du 16 juin 1895 et à transformer en un groupe désormais compact les différentes fractions de l'Afrique occidentale française. Le décret du 17 octobre 1899 voulut que le représentant le plus élevé de l'Autorité centrale, le Gouverneur général, assumât la direction supérieure de nos diverses colonies de la côte occidentale d'Afrique sans qu'aucun organisme politique ou militaire pût se constituer et agir soit au-dessus de lui, soit en dehors de lui. A cet effet, il décida que les territoires ayant constitué jusqu'à ce jour les possessions du Soudan français cesseraient d'être groupés en une colonie ayant son autonomie administrative et financière. A l'exception des cercles de la région de Tombouctou et de celle de la Volta qui forment deux territoires militaires placés directement sous les ordres du Gouverneur général, ils sont rattachés, suivant leur situation géographique, aux colonies voisines. En même temps le Gouverneur général, assisté d'un commandant supérieur des troupes de l'Afrique occidentale, est chargé, tout en conservant l'administration spéciale de la colonie du Sénégal, de la haute direction politique et militaire de tous les territoires dépendant du Sénégal, de la Guinée française de la Côte d'Ivoire et du Dahomey.

§ 2. — Chefs d'administration et de service.

Les gouverneurs ont auprès d'eux, pour les seconder directement, des fonctionnaires qui, placés chacun à la tête de l'une des branches de l'administration locale, prennent le nom de chefs d'administration ou chefs de service. Cette différence d'appellation provient de ce que les premiers sont spécialement désignés par les ordonnances ou autres actes organiques pour faire partie du conseil privé, alors que les seconds n'y siègent qu'éventuellement, et toujours avec voix consultative, lorsqu'on y traite des affaires rentrant dans leurs attributions. Mais la personnalité des uns et des autres offre le même caractère. Ils ne relèvent que du gouverneur ; ils lui présentent eux-mêmes les affaires dont ils connaissent, et sont directement responsables des actes de leur administration, à moins qu'ils n'aient justifié soit qu'ils ont agi en vertu d'ordres formels du gouverneur et après lui avoir fait sur ces ordres des représentations non accueillies, soit qu'ils ont proposé à ce haut fonctionnaire des mesures qui n'ont pas été adoptées. Ils doivent, d'ailleurs, adresser au ministre copie de ces représentations ou propositions lorsqu'elles ont été repoussées.

Les chefs d'administration sont : le secrétaire général, le chef du service judiciaire, le commandant supérieur des troupes, le chef du service administratif, et, dans certaines colonies, le directeur de l'administration pénitentiaire, le commandant de la marine, le directeur des travaux publics, le chef du service de santé.

Les chefs de service sont : le trésorier payeur, le commandant de la marine, le directeur d'artillerie, le chef du service de santé, et, dans certaines colonies, le chef du service religieux, le chef du service de l'instruction publique, le chef du service des travaux publics, le protecteur des immigrants, le directeur du chemin de fer.

Leurs principales attributions seront très rapidement passées en revue.

Le *Secrétaire général*, tel que l'a créé le décret du 21 mai 1898, est, en quelque sorte, le dédoublement de la personnalité administrative du gouverneur. Aux termes de cet acte, en effet, le gouverneur exerce les attributions dévolues par les ordonnances au directeur de l'intérieur, mais peut charger, par autorisation spéciale, le secrétaire général de le remplacer dans lesdites attributions.

Cette réforme est la conséquence de la substitution des gouverneurs civils aux gouverneurs militaires et du progrès réalisé dans l'organisation administrative de nos colonies. Dégagé des préoccupations d'installation et de mise en valeur qui sont la suite immédiate de la conquête, le gouverneur peut et doit se consacrer aux affaires intérieures de sa colonie et chercher à lui assurer par lui-même les meilleurs éléments de prospérité. L'action immédiate et directe qu'exerçait l'ancien directeur de l'intérieur disparaît donc devant celle du chef de la colonie, et si le secrétaire général y participe, c'est en vertu des pouvoirs qu'il veut bien lui déléguer.

Cette participation à l'œuvre gouvernementale peut s'envisager sous les aspects suivants :

Direction de tous les services se rattachant à l'administration intérieure de la colonie, qui ne sont pas placés sous l'autorité d'un chef d'administration ou d'un chef de service, et des différentes régies financières locales ; — centralisation des budgets particuliers des services locaux et préparation, pour qu'il puisse ensuite être soumis aux délibérations du conseil général, du budget général des recettes et des dépenses de la colonie ; — confection des divers rôles de contributions directes ; — établissement des états mensuels de répartition des fonds disponibles ; — liquidation et ordonnancement de toutes les dépenses du service local, ainsi que de celles des services civils compris dans le budget de l'État ; — préparation des cahiers des charges relatifs aux adjudications et marchés de gré à gré pour fournitures ou entreprises de travaux publics intéressant la colonie ; — surveillance de l'administration financière des communes, examen des budgets des municipalités et établissements de bienfaisance et vérification des comptes y relatifs ; établissement du compte général de l'exercice local, etc.

Le secrétaire général est membre du conseil privé et préside le conseil du Contentieux administratif à défaut du gouverneur.

Il le représente au conseil général et à la commission coloniale, le remplace de plein droit en cas d'absence ou de décès à moins de désignation spéciale faite par le ministre, et occupe d'ailleurs le premier rang dans la colonie après lui. Un décret du 25 août 1899 prévoit les conditions dans lesquelles le secrétaire général peut être intérimairement remplacé.

Le cadre des secrétaires généraux comprend deux classes. Les nominations ont lieu par décret sans qu'aucune condition spéciale soit requise pour l'accès à cette fonction. De même que les gouverneurs, les secrétaires généraux ont la retraite à forme militaire.

Les dispositions du décret du 21 mai 1898 ne s'appliquent pas à l'Indo-Chine; où l'emploi de secrétaire général n'existe pas.

Le magistrat, *Chef du service judiciaire*, est le premier organe du ministère public dans la colonie. En tant que chef d'administration, il prépare et présente au gouverneur les projets de règlement et les rapports sur les affaires concernant son service. Le chef du service judiciaire a, de plus, la surveillance de la curatelle aux successions vacantes; il exerce la discipline sur les notaires, avoués et autres officiers publics et ministériels, se fait remettre et adresse au gouverneur les doubles minutes des actes qui doivent être envoyés au Dépôt des archives coloniales au ministère des Colonies, et a la surveillance et la police des lieux où se rend la justice.

L'officier le plus élevé en grade des corps de troupes, à l'exception de la gendarmerie, présents dans la colonie, prend, lorsque l'emploi est prévu, le titre de *Commandant supérieur des troupes*. Il a, en cette qualité, la direction technique des troupes de toutes armes en garnison dans la colonie. Il a sous ses ordres le Directeur d'artillerie, et, dans les conditions prévues par le décret du 1ᵉʳ avril 1899 sur les points d'appui de la flotte, le Commandant de la marine. Toutefois, aux Antilles et à la Réunion, où le décret du 29 août 1855 est encore en vigueur, l'officier le plus élevé en grade des troupes qui y sont stationnées ne peut être considéré ni comme chef d'administration ni comme chef de service, ainsi qu'il a été dit à propos des pouvoirs militaires des gouverneurs. Dans toutes nos autres possessions, la matière est réglementée par le décret du 21 janvier 1888, qui confie au commandant militaire, sous la haute autorité du gouverneur en temps de paix, sous sa seule responsabilité en temps de guerre, tous les pouvoirs et prérogatives militaires et le pouvoir juridictionnel à l'égard des troupes de toutes armes et des officiers sans troupes en service dans la colonie et ses dépendances.

Des pouvoirs semblables sur le personnel marin embarqué ou en service à terre sont donnés par l'art. 7 du même texte à l'officier de marine nommé par décret *Commandant de la marine* dans les colonies où il est nécessaire d'entretenir un groupe de bâtiments de l'Etat. Cet officier possède également à l'égard des arsenaux et établissements de la marine les mêmes pouvoirs et attributions que les préfets maritimes. Seuls, le Capitaine de vaisseau Commandant la Division navale de la Cochinchine, qui fait partie du conseil privé de cette colonie, et le Capitaine de frégate Commandant la flottille du Tonkin, qui fait partie du conseil du protectorat, peuvent prétendre au titre de chef d'administration. Dans nos autres possessions, les commandants éventuels de la marine sont des chefs de service dont les attributions sont particulièrement réglées par le décret du 1er avril 1899.

Le *Chef du service administratif* est le fonctionnaire du corps du commissariat colonial le plus élevé en grade, en service dans la colonie. Par une tradition respectable, mais que rien ne justifie plus, puisque son rôle se borne à celui d'intendant des troupes coloniales, chargé d'ordonnancer les dépenses des services militaires et maritimes comprises dans le budget de l'Etat, il occupe au conseil privé la place que les anciennes ordonnances y avaient réservée au commissaire de marine ordonnateur, « chargé de l'administration de la marine, de la guerre et du trésor, de la direction générale des travaux de toute nature (à l'exception de ceux des ponts, des routes et des travaux à la charge des communes) et de la comptabilité générale pour tous les services. » Le décret du 15 septembre 1882, en supprimant cette fonction et en attribuant au directeur de l'intérieur l'administration et la comptabilité des dépenses des services civils comprises dans le budget de l'Etat, avait décidé que le commissaire chef du service administratif ne serait appelé de droit, avec voix consultative, au conseil privé, que lorsqu'il y serait traité des matières rentrant dans ses attributions. Le décret du 23 novembre 1887 réinstalla le chef du service administratif au conseil à titre permanent et avec voix délibérative, en sorte que, dans certaines de nos colonies, le commissaire chargé du service auxiliaire de l'administration des troupes siège dans une assemblée de gouvernement dont le commandant des troupes, chef du service principal, est exclu.

En dehors de sa mission d'ordonnateur des dépenses militaires et maritimes comprises dans le budget de l'Etat, le chef du service administratif doit assurer le bon fonctionnement des détails du commissariat colonial tels qu'ils ont été réorganisés par le décret du 14 septembre 1896. Il dirige le détail des fonds, préside la commission des marchés passés au nom de l'Etat, en conformité des *Conditions générales* du département des Colonies, note le personnel des officiers et commis du commissariat et des comptables des matières et en dispose au mieux des intérêts du service, enfin prend part en sa personne ou en celle des fonctionnaires ses délégués, à tous les actes de l'administration militaire et maritime.

L'emploi de *Directeur de l'administration pénitentiaire* n'existe qu'à la Nouvelle-Calédonie et à la Guyane. Les obligations qui incombent à ce chef d'administration ont été définies par les décrets des 12 décembre 1874 et 16 février 1878 modifiés par le décret du 20 novembre 1882. La principale est celle qui le constitue ordonnateur de toutes les dépenses du service pénitentiaire. Il prépare les budgets de la transportation et de la relégation, dirige l'emploi des crédits et rend annuellement un compte administratif de ses opérations. C'est lui qui présente au gouverneur les projets d'arrêtés ou de règlements concernant les services de la transportation et de la relégation, propose les mesures qui se rapportent à la colonisation pénale, prend les dispositions nécessaires pour le maintien de la discipline, l'organisation du travail, du service religieux et de l'instruction publique sur les établissements pénitentiaires. Il tient les matricules et l'état civil des condamnés et dresse la liste de ceux qui sont jugés dignes d'être recommandés à la clémence du gouvernement et a tous les pouvoirs quant aux projets et à la direction des travaux à exécuter et à la répartition des effectifs.

Un décret du 2 juin 1899, portant organisation du service des travaux publics dans les colonies autres que les colonies à législature et l'Indo-Chine, a décidé que le chef du service des travaux publics prendrait, dans certaines colonies à désigner ultérieurement par des arrêtés ministériels, place au Conseil privé avec le titre de *Directeur des travaux publics*. En vertu de cette disposition un arrêté du 10 juin 1899 a placé dans les colonies de Madagascar et du Sénégal le service des Travaux Publics sous les ordres d'un Directeur.

Les attributions de ces fonctionnaires seront plus normalement examinées avec celles des chefs de service.

Il en sera de même de celles du *Chef du service de santé* qui, aux termes des décrets des 28 février 1892 et 15 septembre 1895, fait exceptionnellement partie, au Sénégal, du Conseil privé avec voix délibérative.

Les attributions des chefs de service sont plus sommaires et revêtent un caractère plus spécial et en quelque sorte plus technique.

Le *Trésorier payeur* est chargé, dans la colonie, des recettes et des dépenses tant des services de l'Etat que du service local, des mouvements de fonds et autres services financiers exécutés en dehors du budget. Il est en outre le représentant de la Caisse des invalides de la marine, de la Grande Chancellerie de la Légion d'honneur et de la Caisse des dépôts et consignations. Il est responsable devant la Cour des comptes de sa gestion propre et, éventuellement, de celle des trésoriers particuliers et il propose, avec l'agrément de ces derniers, les percepteurs à la nomination du gouverneur.

Les trésoriers payeurs sont nommés par décret rendu sur la proposition du ministre des Finances, après avis du ministre des Colonies. De ce chef, ils appartiennent, quant à la hiérarchie, l'avancement et la discipline générale, à un département autre que celui qui les emploie et les rétribue. Les conséquences de ce caractère mixte, que l'on retrouve chez d'autres titulaires de fonctions strictement coloniales, sont parfois fâcheuses pour la bonne marche du service, les fonctionnaires prêtés par d'autres ministères ayant une certaine tendance à faire preuve d'indépendance vis-à-vis des autorités coloniales, en prétextant qu'elles n'ont à intervenir que dans leurs allocations de solde. Ainsi qu'il sera dit plus loin, il est indispensable, si l'on veut éviter la production de conflits toujours nuisibles à la gestion des affaires publiques, que le ministère des Colonies, aujourd'hui solidement constitué, ait son personnel propre ne dépendant que de lui, obéissant sans arrière-pensée à ses instructions et se prêtant à son contrôle.

Comme conséquence de cet état de choses, le ministre des Finances correspond directement avec les trésoriers-payeurs pour tout ce qui concerne leur service et réciproquement.

Il a déjà été fait mention du *Commandant de la marine* en Cochinchine et au Tonkin, lors de l'étude des attributions des chefs d'administration. Aux termes du décret du 1er avril 1899, l'officier supérieur de la marine, qui a sous son autorité le personnel et le matériel dépendant de ce département dans les ports points d'appui de la flotte (Fort-de-France, — Dakar, — Saïgon et le cap Saint-Jacques, — Port-Courbet, — Nouméa, — Diégo-Suarez), est adjoint au Commandant de place comme Commandant de la marine. En temps de paix, le Commandant de la marine relève directement du ministre de la Marine pour la préparation de la défense du port et l'administration du personnel et du matériel des navires ou de l'arsenal, placés sous son commandement, et, à ce point de vue, il ne doit au gouverneur que la communication de la correspondance intéressant la défense. Pour toutes les autres attributions qu'il exerce en qualité d'adjoint au commandant de la place, il relève du ministre des Colonies, et dépend du Commandant supérieur des troupes. En temps de guerre, il est directement placé, pour l'ensemble de ses attributions, sous les ordres du Commandant supérieur des troupes qui exerce, sous l'autorité du gouverneur, le commandement de toutes les forces de terre et de mer stationnées sur le territoire et dans les eaux de la colonie.

Les services de l'artillerie et du génie, réunis depuis que le décret du 26 juin 1880 a confié à l'artillerie de la marine le service colonial des constructions et fortifications, constituent dans chaque colonie une direction à la tête de laquelle est placé un officier d'artillerie de la marine. Quoique chef de service, le *Directeur d'artillerie* relève, pour des raisons de discipline militaire, du Commandant des troupes et non directement du gouverneur. C'est à lui, chef des ateliers et des chantiers militaires, qu'incombe le soin de préparer le plan de campagne pour les constructions neuves de bâtiments appartenant à l'État et pour les réparations à effectuer aux anciennes. Ses obligations sont d'ailleurs nettement définies par le règlement ministériel du 16 mars 1877 et les décrets des 26 juin 1880 et 2 août 1884.

Le *Chef du service de santé* est le plus élevé en grade des fonctionnaires du Corps de santé des colonies et pays de protectorat présents dans la colonie. Il a sous ses ordres les médecins et pharmaciens appartenant à ce corps, ainsi que le personnel militaire des infirmiers coloniaux, et en dispose pour le meilleur fonctionnement du service dans les hôpitaux, ambulances et lazarets coloniaux. Il préside le conseil de santé et, depuis le décret du 20 octobre 1896, est chargé de l'administration des établissements hospitaliers dont il a la direction, remplissant ainsi soit par lui-même, soit par l'intermédiaire d'un de ses subordonnés, les fonctions autrefois dévolues au commissaire aux hôpitaux. Le Chef du service de santé est obligatoirement consulté dans toutes les questions intéressant l'hygiène de la colonie et sa police sanitaire: il se fait représenter dans les commissions de recette des denrées alimentaires achetées pour le compte de l'Etat et fait procéder, à cette occasion, à toutes les analyses jugées nécessaires.

Il y a lieu de remarquer que l'autorité du Chef du service de santé ne s'étend pas au delà de l'hôpital colonial, le service médical des troupes étant assuré par des médecins de la marine, et les colonies et les communes pouvant, de leur côté, entretenir, à leurs frais, des hôpitaux locaux et municipaux pour le personnel qu'elles rétribuent directement et les indigents.

Les évêques, préfets apostoliques, supérieurs ecclésiastiques, *Chefs du service religieux*, traitent directement avec le Gouverneur des affaires de leur diocèse ou circonscription ecclésiastique; ils n'ont pas besoin de son autorisation pour faire imprimer leurs mandements et lettres pastorales, mais doivent lui en remettre deux exemplaires; ils peuvent de même correspondre directement avec le gouvernement métropolitain, sous réserve d'adresser au Gouverneur copie de cette correspondance. Leur initiative est complète dans l'organisation du culte et la disposition des desservants, qui ne peuvent être suspendus, révoqués ou renvoyés en France par le gouverneur que d'accord avec eux.

Le titre de *Chef du service de l'instruction publique* appartient au proviseur du lycée à la Martinique, à la Guadeloupe et à la Réunion et au principal du collège à la Guyane. Dans toutes les autres colonies, le Secrétaire général, par délégation du Gouverneur, est investi de cette fonction. Le Chef du service de l'instruction publique dirige tout le personnel enseignant et possède à peu près, sous la haute surveillance du chef de la colonie, les attributions dévolues en France au recteur.

Le service des travaux publics aux colonies était, jusqu'à l'apparition du décret du 2 juin 1899 portant organisation du service des travaux publics dans les colonies autres que les colonies à législature et l'Indo-Chine, un service absolument local placé sous l'autorité du Secrétaire général, délégué du Gouverneur. Depuis la promulgation de cet acte du pouvoir exécutif, ce service est devenu autonome et a été placé sous les ordres d'un fonctionnaire relevant directement du gouverneur.

Le *Chef du service des travaux publics* est nommé, dans les conditions prévues au décret, par arrêté ministériel. Il a sous son autorité tout le personnel employé à l'exécution des travaux de la colonie, mais non les agents des travaux purement municipaux. Il prépare le plan de campagne des travaux annuels à présenter au conseil général et en dirige, après le vote du budget de la colonie, l'exécution, sous le contrôle éventuel des ingénieurs délégués par l'Inspection générale des travaux publics des colonies.

La création à la Réunion, par le décret du 30 mars 1881, d'un chef de service dit *Protecteur des immigrants*, a eu uniquement pour but de donner satisfaction aux demandes du gouvernement anglais. Ce fonctionnaire est, en effet, chargé de veiller à ce que les dispositions de protection édictées en faveur des immigrants indiens par les actes du pouvoir exécutif, à la suite d'accords internationaux, soient strictement observées. Mais l'entente devenant de plus en plus difficile à obtenir entre les gouvernements anglais et français par suite de l'application de la loi du recrutement à la Réunion, les attributions du protecteur des immigrants ont beaucoup perdu de leur importance, et finiront par être de pure forme, si rien ne vient modifier le statu quo actuel.

A la suite de la déchéance prononcée le 2 décembre 1887 contre la Compagnie du Chemin de fer et du Port de la Réunion, la loi de finances du 27 juillet 1889 décida que le ministre « chargé » des colonies aurait à assurer l'exploitation provisoire du chemin de fer et du port de cette colonie. Les recettes et les dépenses devaient faire l'objet d'un budget annexe rattaché pour ordre au budget de l'Etat. En conformité de cette loi, le décret du 22 octobre 1889, modifié par le décret du 5 mai 1897, réglant le fonctionnement administratif et technique, décida que le chemin de fer et le port seraient provisoirement exploités en régie, et constitueraient un service spécial, confié à un directeur nommé par arrêté ministériel et résidant à la Réunion.

Le *Directeur du Chemin de fer et du Port* traite directement avec le gouverneur de toutes les affaires intéressant son service. Il appartient d'ailleurs à ce dernier de déterminer par arrêtés les mesures et dispositions nécessaires pour assurer la police de l'exploitation du chemin de fer, ainsi que la conservation des ouvrages qui en dépendent. Le directeur du chemin de fer et du port est ordonnateur des recettes et des dépenses de son administration, pour lesquelles il rend un compte d'exercice, le service comptable étant assuré par un Caissier, nommé par le ministre des Colonies après avis du ministre des Finances, et justiciable de la Cour des comptes. Le directeur prépare le budget annuel de l'exploitation, qui est adressé au département des Colonies pour être soumis aux chambres, et est, enfin, le chef du personnel employé au chemin de fer et au port, personnel dont le statut et les allocations sont déterminés, sur sa proposition, après avis du Gouverneur, par le ministre des Colonies. L'organisation du personnel est actuellement réglée par un arrêté du 15 décembre 1897.

Un service analogue a été créé au Soudan français par le décret du 29 avril 1898 portant organisation administrative de l'entreprise du chemin de fer de Kayes au Niger. La direction de ce service, exécuté en régie au compte d'un budget annexe rattaché au budget de l'Etat, est confiée à un officier supérieur de l'arme du génie, ordonnateur des recettes et des dépenses et chef du personnel militaire des études, de la construction et de l'exploitation.

§ 3. — **Conseils placés auprès des gouverneurs : conseils privés, conseils d'administration et conseil du protectorat du Tonkin. — Conseils supérieurs de l'Indo-Chine et de l'Afrique Occidentale française. — Conseils de défense.**

Dans chacune de nos possessions, le Gouverneur est assisté d'un conseil, qui, suivant le degré de maturité administrative de la colonie, porte le nom de *Conseil privé* ou *Conseil d'administration*. Cette assemblée est chargée de seconder le chef de la colonie dans les actes les plus importants de son administration, et doit être nécessairement consultée par lui dans un certain nombre de cas, sans que les avis qu'elle formule soient jamais obligatoires. Le conseil privé est donc un organe purement consultatif ; il peut toutefois se transformer en tribunal administratif par l'adjonction de deux membres de l'ordre judiciaire, ce qui ne laisse pas que d'être contraire au principe de la séparation des pouvoirs. Il prend alors le nom de Conseil du contentieux, et le décret du 5 août 1881 lui donne une compétence et des attributions à peu près analogues à celles qui appartiennent en France au Conseil de préfecture.

Aux termes des ordonnances organiques, le Conseil privé n'était pas une assemblée simplement consultative : il jouissait d'un pouvoir propre et statuait sur un certain nombre de matières. L'art. 9 du sénatus-consulte du 3 mai 1854 a supprimé ce pouvoir propre, à une seule exception près, confirmée par l'art. 143 du décret du 20 novembre 1882 : le conseil privé juge, en effet, les comptes des comptables coloniaux autres que le trésorier-payeur, et le pourvoi contre sa décision est admis devant la Cour des comptes, ainsi que cela a lieu pour les jugements de l'espèce rendus par les conseils de préfecture. Mais le sénatus-consulte précité ne visant que les colonies de la Martinique, de la Guadeloupe et de la Réunion, par une exception unique, le conseil privé de la Guyane a conservé l'action directe que lui donnait dans les affaires de la colonie l'art. 264 de l'ordonnance du 27 août 1828.

Le Conseil privé est composé, sous la présidence du gouverneur, des chefs d'administration, et, éventuellement, de certains chefs de service, et de deux membres civils choisis parmi les habitants notables de la colonie (un seul à Saint-Pierre et Miquelon). Ces membres civils sont nommés par décret et doivent avoir satisfait, au préalable, à certaines conditions d'âge et de domicile ou de résidence, déterminées par les actes organiques ; la durée de leurs fonctions est généralement de deux ans (3 ans à la Réunion, 4 ans en Cochinchine). Dans certaines colonies (Guyane, Sénégal, Inde française, Nouvelle-Calédonie, Tahiti), les fonctions de conseiller privé sont incompatibles avec celles de conseiller général.

Deux conseillers privés suppléants, nommés dans les mêmes

conditions que les conseillers titulaires, sont chargés de les remplacer en cas d'absence ou d'empêchement.

Le gouverneur préside le conseil avec voix prépondérante, mais a la faculté de déléguer ses pouvoirs de président au secrétaire général, sauf quand l'assemblée siège comme tribunal administratif. La présence de tous les membres est obligatoire pour la validité des délibérations. Les procès-verbaux des séances sont établis par un secrétaire-archiviste nommé par le ministre des Colonies. Les inspecteurs des colonies en mission ont le droit d'assister aux séances du conseil avec voix représentative.

Le Conseil privé, sauf le cas où il juge comme Conseil du contentieux, ne peut délibérer que sur les affaires dont il est saisi par le gouverneur. Ce dernier est libre de lui soumettre tous projets d'ordonnances, arrêtés, règlements, qu'il peut d'ailleurs retirer, s'il le juge convenable; mais il doit prendre obligatoirement son avis, sans être tenu de s'y conformer, dans certains cas énumérés par les actes organiques : marchés pour fournitures ou travaux d'une valeur supérieure à 1000 francs, et examen mensuel des marchés inférieurs à cette somme, vente d'objets inutilisables, demandes en dégrèvement de taxes et amendes prononcées par les administrations de l'Enregistrement et du Domaine et des Douanes, demandes en remise ou modération relatives aux contributions directes, etc., etc., et notamment, en matière financière, quand il s'agit de la préparation du budget local, et dans tous les cas prévus par le décret du 20 novembre 1882.

Tout ce qui vient d'être dit sur le rôle des conseils privés s'applique aux *Conseils d'administration* de nos colonies de la côte occidentale d'Afrique (Sénégal excepté), de Mayotte, de la côte française des Somalis et de Madagascar et dépendances. La composition de ces assemblées est déterminée par le décret qui les constitue. Le plus important de ces actes est celui du 9 août 1898 qui réorganise le Conseil d'administration de Madagascar et y admet, sous la présidence du Gouverneur général, le Secrétaire général, le Commandant supérieur des troupes, le Directeur du contrôle, le Procureur général, le Chef du service administratif, le Directeur des travaux publics, et le Chef du service du Domaine, le chef du cabinet du Gouverneur général remplissant les fonctions de secrétaire.

Une mission analogue à celle des conseils d'administration a été réservée, par le décret du 28 août 1898, au *Conseil du protectorat du Tonkin* qui a remplacé le Conseil du protectorat de l'Annam-Tonkin, institué près du Gouverneur général de l'Indo-Chine par un décret du 21 septembre 1894, et dont l'importance s'était trouvée sensiblement diminuée par la réorganisation du Conseil supérieur de l'Indo-Chine. Le Conseil du protectorat du Tonkin, présidé par le Résident supérieur du Tonkin, comprend l'officier général, Commandant en chef des troupes, le Commandant de la flottille du Tonkin, le Chef du service administratif, un délégué du Chef du service judiciaire de l'Indo-Chine, un représentant du Directeur du contrôle financier, un délégué de la Chambre de commerce de Hanoï, un délégué de la Chambre de commerce d'Haïphong, un délégué de la Chambre d'agriculture du Tonkin, et deux notables indigènes nommés pour un an, sur présentation du Résident supérieur, par le Gouverneur général. Le chef du cabinet du Résident supérieur du Tonkin remplit les fonctions de secrétaire.

Indépendamment des conseils privés, d'administration ou de protectorat propres à chacune de nos possessions, les gouverneurs généraux de l'Indo-Chine et de l'Afrique occidentale française ont été pourvus d'organes spéciaux comportant les éléments propres à les éclairer dans les hautes questions politiques, militaires, administratives, financières et économiques qu'ils sont appelés à trancher.

Le *Conseil supérieur de l'Indo-Chine*, institué par le décret du 17 octobre 1887, a été réorganisé en dernier lieu par les décrets des 8 août 1898 et 14 avril 1899. Ce conseil doit se réunir en assemblée plénière au moins une fois par an, pour donner son avis : sur le budget général et les budgets locaux de l'Indo-Chine qui sont arrêtés dans son sein par le Gouverneur général ; — sur les crédits nécessaires aux services militaires et maritimes de l'Indo-Chine ; — sur la répartition des travaux publics, d'intérêt général ou local ; — et, incidemment, sur toutes les affaires intéressant la colonisation, les finances, les douanes, les travaux publics et l'administration générale, qu'il plaira au Gouverneur général de lui soumettre. Sa composition répond d'ailleurs à l'étendue de sa tâche et aux compétences qu'elle exige ; en font partie, sous la présidence du Gouverneur général : le Général, Commandant en chef les troupes de l'Indo-Chine, le Contre-amiral, Commandant en chef la division navale de l'Extrême-Orient, le Lieutenant-gouverneur de la Cochinchine, les Résidents supérieurs du Tonkin, de l'Annam, du Cambodge et du Laos, le Directeur du contrôle financier, le Chef du service judiciaire en Indo-Chine, le Directeur des douanes et régies de l'Indo-Chine, le Directeur des Travaux Publics de l'Indo-Chine le Directeur du commerce et de l'agriculture de l'Indo-Chine, le président du Conseil colonial de la Cochinchine, les présidents des Chambres de commerce de Saïgon, Hanoï et Haïphong, les présidents des Chambres mixtes de commerce et d'agriculture de l'Annam et du Tonkin, et enfin deux notables indigènes désignés chaque année par le Gouverneur général. Le chef du cabinet du Gouverneur général y remplit les fonctions de secrétaire.

De plus, le même acte du 8 août 1898 a créé une Commission permanente du conseil supérieur, qui est convoquée par le Gouverneur général, sous sa présidence, dans la ville qu'il désigne, et qui comprend : le Général commandant en chef, ou l'officier commandant les troupes du pays où se réunit la commission, — le Lieutenant-gouverneur ou le Résident supérieur du pays, — le Directeur du contrôle financier, — le Chef du service judiciaire de l'Indo-Chine, — le Directeur des douanes et régies de l'Indo-Chine, — le Directeur des Travaux Publics de l'Indo-Chine, — le Directeur de l'agriculture et du commerce de l'Indo-Chine. L'avis de la Commission permanente peut, en cas d'urgence, remplacer l'avis du Conseil supérieur.

Le décret du 15 septembre 1895, qui a créé le *Conseil supérieur du gouvernement général de l'Afrique occidentale française*, l'a chargé d'assister et d'éclairer le Gouverneur général dans l'étude de toutes les questions de politique générale d'ordre économique ou commercial, ou qui se rattachent à l'examen des diverses dépenses inscrites au budget de l'Etat. Ce conseil, dont le rôle est purement consultatif, doit donc être obligatoirement consulté en matière financière.

Le Conseil supérieur de l'Afrique occidentale française, dont une réorganisation conforme aux dispositions du décret du 17 octobre 1899 est actuellement à l'étude, se réunit à Saint-Louis sous la présidence du Gouverneur général et comprend : le Commandant supérieur des troupes ; — le Gouverneur de la Guinée française, — le Secrétaire général du Sénégal, — le Procureur-général, chef du service judiciaire du Sénégal, et le Chef du service administratif de cette colonie.

A côté de ces assemblées, mais n'ayant de commun avec elles que le caractère purement consultatif des avis qu'ils sont appelés à donner, des décrets spéciaux ont organisé, dans chaque colonie, des *Conseils de défense*, que le gouverneur consulte obligatoirement (décret du 1er mars 1889) sur toutes les questions concernant la défense du pays, ses fortifications, le casernement des troupes, etc. Le Conseil de défense se réunit, sur sa convocation et sous sa présidence, chaque fois que les circonstances l'exigent. L'élément militaire et maritime domine dans la composition de l'assemblée ; la vice-présidence appartient de droit au commandant militaire, qui seul a le droit de présenter les projets militaires.

SECTION II

Recrutement et organisation du personnel civil des colonies. — Administration des services civils.

Une distinction doit être établie, en ce qui concerne les services civils fonctionnant aux colonies. Les uns, dits *coloniaux*, émanent plus directement de la puissance métropolitaine; leur personnel est le plus souvent rétribué sur les fonds du budget de l'Etat. Les autres, dits *locaux*, tiennent à l'organisation intérieure de la colonie ; leurs dépenses de personnel sont supportées par les budgets locaux.

Cette distinction, fondée sur les dispositions du sénatus-consulte de 1866, qui mettait à la charge de l'Etat les dépenses de souveraineté et de protection, tend, d'ailleurs, à disparaître, par suite de l'affirmation de la doctrine consistant à laisser les colonies faire face à toutes leurs dépenses.

Le personnel servant aux colonies appartient, soit à des corps constitués en vue du service colonial, soit à des administrations métropolitaines dont il est détaché, soit à des cadres purement locaux.

En principe, les créations d'emplois doivent faire l'objet d'actes émanant du Chef de l'Etat. Toutefois, dans la limite des crédits votés par les conseils généraux, les gouverneurs fixent, par des arrêtés rendus en conseil privé, les cadres des divers services. Les nominations aux divers emplois appartiennent au gouvernement métropolitain, qui peut déléguer ses droits, soit au ministre, soit au gouverneur, soit même à des chefs d'administration ou de service.

Les fonctionnaires coloniaux sont soumis aux pouvoirs disciplinaires des gouverneurs ; les peines disciplinaires qui leur sont applicables sont, en général, fixées par les actes constitutifs de chaque corps, de même que leur hiérarchie, leur uniforme, les conditions de leur avancement, leurs droits à une pension de retraite. L'appréciation de leurs services fait l'objet de notes annuelles ; ils peuvent être proposés pour des distinctions honorifiques, Légion d'honneur, palmes universitaires, mérite agricole, médailles d'honneur ou de sauvetage. La loi de finances du 13 avril 1898 (article 77, § 2) a déterminé les conditions dans lesquelles le personnel européen militaire et civil, en service aux colonies, peut avoir droit à l'obtention de la Médaille coloniale. Les nominations dans les ordres coloniaux, dont un décret du 5 décembre 1899 a modifié les insignes, sont régies par les décrets des 10 et 23 mai 1896.

La solde et les accessoires de solde du personnel colonial, les indemnités de route et de séjour allouées en France ou à l'étranger, les concessions de congés ou de passage sur les bâtiments français ou étrangers, sont réglés par les décrets des 3 juillet et 23 décembre 1897.

§ 1. — Personnel civil colonial et services auxquels il est affecté.

Gouverneurs, administrateurs, personnel des services civils de l'Indo-Chine. — A la tête des fonctionnaires coloniaux sont placés les gouverneurs généraux, gouverneurs, lieutenants-gouverneurs, résidents supérieurs, qui ont déjà fait l'objet d'une étude antérieure.

Les fonctionnaires placés immédiatement sous l'autorité des gouverneurs aux colonies, qui en ont la libre disposition, et chargés, en sous-ordre, de l'administration de circonscriptions de certaines de nos possessions, constituent le corps des administrateurs coloniaux, aujourd'hui régi par le décret du 4 juillet 1896, modifié quant aux facultés de recrutement par les décrets des 23 mars et 24 mai 1898.

Les administrateurs coloniaux se recrutent, sans concours, parmi les élèves brevetés de la section africaine de l'école coloniale, et, au concours, parmi les candidats pouvant justifier de diplômes et de services déterminés. Le cadre comprend des administrateurs stagiaires, des administrateurs adjoints de trois classes, des administrateurs de trois classes et des administrateurs en chef de deux classes. A partir du grade d'administrateur, les avancements, soit en grade, soit en classe, sont conférés par décret, un cinquième des vacances dans chaque grade étant réservé aux officiers de terre et de mer, remplissant certaines conditions de grade et de service, qui en feraient la demande. Les nominations sont faites au choix d'après un tableau d'avancement établi à Paris. Les peines disciplinaires qui peuvent atteindre les administrateurs sont la réprimande, le blâme, la suspension de fonctions, la radiation du tableau d'avancement, la rétrogradation et la révocation, ces deux dernières ne pouvant être prononcées que par décret, après avis d'une commission d'enquête. Le corps jouit des pensions à forme militaire déterminées par le décret du 27 février 1889.

C'est un arrêté du ministre des Colonies, rendu sur la proposition du gouverneur, qui fixe dans chaque colonie le cadre des administrateurs.

En Indo-Chine, les attributions exercées par les administrateurs dans nos autres colonies étaient, jusqu'à ces derniers temps, dévolues à des administrateurs des affaires indigènes en Cochinchine (décrets du 7 septembre 1882, et du 1er juillet 1893), et à des résidents au Cambodge, en Annam, et au Tonkin (décrets du 2 mai 1889 et du 11 septembre 1896). Le personnel spécial de l'Indo-Chine comprenait en outre les commissaires du Laos, les comptables de l'Annam, du Tonkin et du Cambodge, les agents divers du secrétariat général de la Cochinchine. Un décret du 16 septembre 1899 a réalisé l'unification administrative des différentes parties de l'Indo-Chine, en formant, avec le personnel de tous ces services, un seul corps, qui prend le titre de personnel des services civils de l'Indo-Chine.

La hiérarchie comprend des commis de trois classes, des administrateurs stagiaires, des administrateurs de cinq classes et des inspecteurs des services civils. Les cadres sont fixés par des arrêtés du Gouverneur général approuvés par le ministre des Colonies. Les inspecteurs et les administrateurs des deux premières classes sont nommés par décrets rendus sur la proposition du ministre des Colonies, et sur la présentation du Gouverneur général de l'Indo-Chine, qui procède aux autres nominations par arrêtés.

Les emplois de début sont réservés aux élèves brevetés de la section Indo-Chinoise de l'École coloniale et, après concours, aux titulaires de diplômes déterminés. L'avancement a lieu au choix.

Inspecteurs des colonies. — En dehors des emplois purement locaux de Directeur du contrôle financier, occupés en Indo-Chine et à Madagascar par des fonctionnaires de l'Inspection des colonies, les inspecteurs des colonies n'accomplissent dans nos diverses possessions que les missions temporaires qui leur sont confiées par le ministre. Leur cadre et leurs attributions ont déjà été exposés lors de l'étude de la direction du contrôle; il n'y a lieu d'y revenir ici que pour rappeler que les investigations des inspecteurs des colonies peuvent s'étendre aussi bien sur les services civils et militaires rétribués par le budget colonial que sur les services locaux et municipaux, et que ces fonctionnaires ne relèvent que du ministre des Colonies.

Personnel de la Justice. — La magistrature aux colonies forme un corps distinct de la magistrature métropolitaine; aux termes d'un décret du 1er décembre 1858, elle est considérée comme détachée du ministère de la Justice. Les décrets concernant ce personnel sont contresignés à la fois par le Garde des sceaux et le ministre des Colonies. Ce dernier pourvoit cependant directement, par arrêté, aux charges vacantes d'attaché au parquet du Procureur général de l'Indo-Chine.

Pour être admis dans la magistrature coloniale, il faut produire le diplôme de licencié en droit. Ce titre peut toutefois être remplacé, dans l'Inde française, par un certificat délivré au bout de la troisième année d'études par l'Ecole de droit de Pondichéry. Le stage préalable de deux ans en qualité d'avocat n'est exigé qu'aux Antilles et à la Réunion, et, sauf justification d'un an de présence comme attaché au parquet, en Indo-Chine. Quant au minimum d'âge exigé pour remplir les différentes fonctions judiciaires, il varie de 24 ans à 30 ans suivant l'importance des postes et suivant la colonie (Décret du 18 août 1868). Les conditions d'âge ne sont d'ailleurs exigées que des titulaires des emplois.

Les greffiers des cours et tribunaux sont nommés par décret sans conditions spéciales ; ils doivent être âgés de 25 ans. Les juges de paix à compétence ordinaire n'ont pas à justifier d'aptitudes particulières ; ils sont promus par arrêté ministériel, et doivent être âgés de 24 à 30 ans suivant la colonie.

La hiérarchie est, du moins dans les vieilles colonies, à peu près la même qu'en France, sauf que le titre de premier président n'existe pas. Mais on trouve dans la magistrature coloniale des situations qui n'ont pas leur équivalent dans la magistrature métropolitaine ; ce sont celles de juge-président, dans les tribunaux où a été admis le principe de « l'unicité » du juge de première instance ; de lieutenant de juge remplissant les fonctions de juge d'instruction près les mêmes tribunaux ; de conseiller-auditeur près certaines cours d'appel, et de juge de paix à compétence étendue. Les juges suppléants peuvent recevoir un traitement.

Il a déjà été exposé que le chef du service judiciaire, sauf dans les colonies à tribunal unique et composé d'un seul magistrat, était toujours un membre du parquet. Les magistrats sont d'ailleurs tous amovibles aux colonies et peuvent indifféremment occuper les fonctions de juge ou de représentant du ministère public. On a vu que le chef du service judiciaire était investi de pouvoirs de surveillance et de discipline à l'égard des autres magistrats et même des officiers ministériels ; ces pouvoirs ont été reconnus par un arrêt de la cour de cassation du 19 mars 1883.

Les magistrats prêtent serment devant la cour d'appel.

Le gouverneur exerce sur eux, sauf dans les cas prévus par le code d'instruction criminelle, les pouvoirs de haute surveillance dévolus en France à la Cour de cassation. Comme il y a toujours une relation établie entre les divers emplois de la magistrature coloniale et ceux de la magistrature métropolitaine, c'est sur la base du traitement correspondant en France à leur emploi, la solde coloniale étant déterminée par le décret du 23 décembre 1897, base dite parité d'office, que les magistrats coloniaux subissent les retenues de cinq pour cent et du premier douzième exigées pour les pensions de retraite civile qui leur sont allouées conformément à la loi du 9 juin 1853.

Enfin des charges d'officiers ministériels et publics ont été créées dans la plupart de nos colonies ainsi qu'il sera exposé au titre III de la présente étude où il est plus spécialement traité de l'organisation judiciaire de notre domaine d'outre-mer.

Personnel des cultes. — Indépendamment des trois cultes dont l'exercice est reconnu en France (catholique, protestant, israélite), deux autres croyances, l'islamisme et le brahmanisme, ont reçu, aux colonies, l'attache officielle ; mais en fait, il n'y a de réellement réglementés que le culte catholique et, au moins à Tahiti, le culte protestant.

Les décrets des 18 décembre 1850 et 3 février 1851 sont considérés comme ayant implicitement promulgué le concordat aux Antilles et à la Réunion. Ils ont, en effet, créé dans ces trois colonies des évêchés organisés conformément aux lois canoniques et civiles appliquées en France, et les évêques sont suffragants de l'archevêque de Bordeaux.

Les évêques sont nommés par décret dans les mêmes conditions que les évêques métropolitains. Ils sont assistés de deux vicaires généraux. Par une dérogation aux règles générales de l'espèce, ils reçoivent la solde coloniale dans toutes les positions de congé régulier.

Le recrutement du clergé colonial est assuré par les soins de la congrégation du Saint-Esprit, qui pourvoit à l'éducation classique et à l'entretien d'élèves ecclésiastiques boursiers au moyen d'une subvention reçue du Département des colonies. Il n'existe pas, aux colonies, de curés inamovibles. Les prêtres présentés par le supérieur de la congrégation du Saint-Esprit sont nommés desservants des paroisses par le ministre. Les desservants ne peuvent être suspendus, révoqués ou renvoyés en France par le gouverneur qu'après entente avec l'évêque.

Dans nos colonies autres que celles à législature, et à l'exception de l'Indo-Chine, où la séparation de l'Eglise et de l'Etat est un fait accompli depuis 1881, la direction de l'exercice du culte catholique est confiée à des supérieurs ecclésiastiques ou à des préfets apostoliques prenant le titre d'évêques in partibus. Leur action administrative est à peu près la même que celle des évêques, mais ils sont révocables par le gouvernement et les nominations de desservant, qui leur sont abandonnées, doivent recevoir l'agrément du chef de la colonie.

Le service du culte protestant est assuré par la métropole à la Nouvelle-Calédonie, à la Guadeloupe et à Tahiti. Il a été spécialement organisé dans cette île par le décret du 23 janvier 1884. Les pasteurs désignés doivent être agréés par le gouverneur.

Le clergé colonial a droit à une pension de retraite à forme militaire basée sur les tarifs de la loi du 21 juin 1831.

Personnel du service de la Trésorerie. — Ainsi qu'il a déjà été dit lors de l'exposé des attributions des chefs de service, le service de la Trésorerie est assuré dans chaque colonie par un trésorier-payeur nommé, en dehors de toutes conditions spéciales, par un décret rendu sur la proposition du ministre des Finances, après avis du ministre des Colonies. Les trésoriers payeurs sont astreints à un cautionnement dont la quotité est déterminée par le décret du 20 novembre 1882. Ils peuvent se constituer des fondés de pouvoirs.

Dans les colonies importantes, il a été créé des postes de trésoriers particuliers placés sous les ordres et la surveillance du trésorier-payeur, qui répond de leur gestion. Ces comptables, cautionnés, sont nommés par arrêté du ministre des Finances, après avis du ministre des Colonies.

Tout ce personnel est donc détaché du département des finances et en dépend hiérarchiquement, quoique localement placé sous l'autorité du gouverneur. Il est retraité, selon les tarifs de la loi du 9 juin 1853, d'après son assimilation avec les agents du ministère des Finances recevant un traitement égal à celui qui lui est attribué à titre de traitement personnel.

Les percepteurs des contributions directes, qui sont des agents absolument locaux, prendront rang dans l'étude du personnel local.

Personnel de l'administration pénitentiaire. — Ce personnel, spécial à nos deux colonies de la Nouvelle-Calédonie et de la Guyane, correspond aux desiderata multiples d'une administration qui, devant subvenir par elle-même à tous ses besoins, emploie des administrateurs, des comptables, des commandants et surveillants militaires, des ingénieurs techniques, des ecclésiastiques, des instituteurs et des agents de police, se bornant à emprunter seulement ses médecins et ses garde-magasins aux autres corps du département. Il est régi par les décrets des 20 décembre 1892, 14 novembre 1895 et 3 avril 1896.

A la tête de l'administration pénitentiaire se trouve, dans chacune des deux colonies, un directeur, nommé par décret, qui est remplacé en cas d'absence ou d'empêchement par un sous-directeur, nommé par le ministre des Colonies et chargé spécialement de la surveillance et du contrôle du service général. Les attributions du directeur, chef d'administration, ont été exposées ci-dessus.

Sous ses ordres se trouvent placés :

Le service des bureaux (1er bureau : secrétariat et finances ; 2e bureau : personnel des surveillants, personnel condamné ; 3e bureau : matériel, vivres et hôpitaux) qui emploie des commis de trois classes, des commis principaux de deux classes, des sous-chefs et chefs de bureau de trois classes ;

Le service de la caisse proprement dite et de la caisse d'épargne pénitentiaire, qui emploie des caissiers et sous-caissiers empruntés au personnel des bureaux ;

Le service des bagnes et pénitenciers, qui emploie des commandants et des commandants supérieurs de pénitenciers de trois classes, et un personnel militaire de surveillance comprenant des surveillants de trois classes, des surveillants-chefs de deux classes et des surveillants principaux.

Tout ce personnel, qui constitue le personnel proprement dit de l'administration pénitentiaire, a droit à la retraite à forme militaire. Les nominations et avancements en grade et en classe sont réservés au ministre des Colonies. Le recrutement dans les divers emplois s'opère d'après les demandes formulées par des officiers ou fonctionnaires remplissant certaines conditions de services et de grades ou par des candidats pourvus de diplômes déterminés. Les élèves brevetés de la section de l'administration pénitentiaire de l'Ecole coloniale sont nommés directement commis principaux stagiaires.

Le directeur a de plus sous ses ordres les personnels divers des agents de travaux, des géomètres, des interprètes, des instituteurs, des prêtres, des commissaires et agents de police, qui ont également une hiérarchie propre et une assimilation avec le personnel des bureaux. Les services sanitaires et les magasins fonctionnent également sous son autorité.

§ 2. — Personnel civil local et services auxquels il est affecté

Chaque colonie possède, pour assurer ses services locaux, trois catégories de fonctionnaires : la première est constituée par le personnel supérieur des secrétariats généraux qui, quoique attaché exclusivement à l'administration locale, n'appartient pas à titre permanent à la colonie où il est en service et dont la nomination, l'avancement, les mutations, l'admission à la retraite dépendent du ministre des Colonies ; la seconde comprend des employés nommés par le gouverneur, qui appartiennent en propre à la colonie et dont les cadres, la hiérarchie, les droits à une pension de retraite sont réglés d'une façon exclusive par le chef de la colonie, après avis, suivant les cas, du conseil général ; la troisième enfin est constituée par des agents spéciaux, généralement techniques, qui, mis momentanément à la disposition de la colonie, qui les paie, ne cessent pas d'appartenir à leurs départements d'origine, dans la hiérarchie desquels ils conservent leur rang.

Service du Secrétariat général. — Toute l'administration intérieure de la colonie est centralisée par le Secrétariat général qui, avant le décret du 21 mai 1898, portait le titre de direction de l'Intérieur. L'énumération (déjà donnée lors de l'examen des attributions des chefs d'administration) des multiples services dont le gouverneur, par l'intermédiaire du Secrétaire général, doit assurer le bon fonctionnement, indique l'importance de la tâche dévolue aux employés du Secrétariat général. Répartis entre des bureaux dont la désignation varie suivant la colonie, mais qui correspondent généralement aux anciens détails du commissariat (fonds et comptabilité financière, approvisionnements et travaux, comptabilité du matériel, comptabilité communale), ils ont entre leurs mains la gestion de la fortune de la colonie, dans les limites tracées par le conseil général, auquel il sera d'ailleurs rendu compte de cette gestion.

Pour donner la meilleure satisfaction possible aux exigences d'un pareil service, qui demande, au moins de la part des chefs, non seulement de sérieuses capacités administratives mais une grande connaissance de la colonie, de ses habitants, de leur langue et de leurs mœurs, le décret du 11 octobre 1892 avait décidé que des cadres spéciaux à chacune de nos possessions seraient substitués au cadre unique, destiné jusqu'alors à assurer le service dans toutes nos colonies, au moyen d'un roulement très onéreux pour les budgets locaux. Les conséquences de cette réforme furent très discutées ; l'avancement devenait de plus en plus lent dans les bonnes colonies, où chacun voulait servir, le recrutement s'effectuait avec difficulté dans celles où des augmentations de solde auraient dû balancer les inconvénients du climat ou les onéreuses conditions matérielles de la vie, et l'intérêt local dut, au moins en partie, être sacrifié à l'intérêt des personnes : par le décret du 21 mai 1898, en effet, le personnel des secrétariats généraux fut divisé en deux catégories : les employés subalternes, formant dans chaque colonie un cadre spécial et local, nommés, avancés, suspendus, rétrogradés et révoqués par le gouverneur, et retraités conformément à la loi du 9 juin 1853 ; les employés supérieurs, constituant un cadre unique à effectifs fixés par le ministre, suivant les besoins du service et dans la limite des crédits inscrits aux budgets locaux, les nominations, avancements, rétrogradations, révocations, dépendant du ministre, la suspension étant laissée à la disposition du gouverneur en conseil privé, et les pensions de retraite, à forme militaire, étant réglées d'après la loi du 5 août 1879.

En ce qui concerne le personnel subalterne, les règles de recrutement et d'avancement, le traitement des employés, comprenant des commis de trois classes et des commis principaux, sont fixés, dans chaque colonie, par arrêté du gouverneur, après avis du conseil général ou du conseil d'administration. Le cadre supérieur comprend des sous-chefs de bureau stagiaires, sous-chefs et chefs de bureau de deux classes et des chefs de bureau hors classes. Un tiers des emplois de sous-chefs est réservé aux commis principaux des secrétariats généraux, les deux autres étant recrutés par voie de concours parmi les anciens élèves brevetés de l'Ecole coloniale, les candidats possesseurs de certains diplômes, les commis de secrétariats généraux ayant cinq ans de services. Les avancements en classe et en grade ont ensuite lieu au choix d'après un tableau d'avancement établi à Paris.

Le décret du 24 mai 1898 n'était pas applicable à la Cochinchine, où les cadres et les traitements du personnel européen du secrétariat général, institution absolument locale, étaient déterminés par les décrets des 2 mai 1889, 15 avril 1893 et 25 février 1897. On a vu que le fonctionnement de ce service est actuellement assuré au moyen du personnel des services civils de l'Indo-Chine (Décret du 16 septembre 1899). Il en est de même à Madagascar où deux décrets du 31 janvier 1899 ont organisé un personnel des affaires civiles et un personnel de comptables dépendant exclusivement du Gouverneur Général.

A. *Services dépendant directement du Secrétariat général.* — Ces services peuvent varier suivant chaque colonie, y recevoir des dénominations différentes, s'y trouver parfois réunis en groupes déterminés. Leur caractère universel et commun consiste dans leur subordination au Secrétariat général et dans la centralisation, dans ses bureaux, de leurs opérations.

Service des Contributions. — Ce service est chargé de l'établissement des divers rôles ou taxes destinés à la perception des contributions tant directes qu'indirectes. Placé généralement sous la direction d'un inspecteur des contributions directes ou indirectes détaché de l'administration métropolitaine, il emploie un personnel de directeurs, d'inspecteurs, contrôleurs, vérificateurs et commis dont les titres et les soldes varient suivant chaque colonie.

Service de l'Enregistrement, du Domaine et du Timbre. — Les fonctionnaires de l'Enregistrement sont chargés aux colonies de la perception des impôts de l'enregistrement et du timbre, du recouvrement des amendes, de la conservation des hypothèques et de l'administration du domaine local. Ils ont tous été rattachés depuis 1888, quelle que fût leur origine, à l'administration métropolitaine de l'Enregistrement et, quoique le plus souvent nés et ayant satisfait aux examens d'admission dans la colonie où ils exercent leurs fonctions, y sont détachés par la Direction générale de ce service. La tendance qui s'accentue de confier les recettes de l'enregistrement aux colonies à des agents exclusivement recrutés dans la métropole demande, en raison de la difficulté et parfois de la délicatesse des fonctions, à être encouragée.

Service des Postes et Télégraphes. — Toutes les colonies françaises sont, depuis le 27 janvier 1876, annexées à l'Union générale des postes, et un décret du 13 mai 1876 leur a rendu applicable la législation relative à l'Union postale. Il appartient au ministre des Colonies, seul, de s'adresser en leur nom au Bureau central de l'Union, à Berne. Les traités internationaux ont donc fixé les taxes pour la correspondance extérieure, mais la fixation des taxes pour la correspondance des diverses colonies entre elles et avec la France continue à ne dépendre que d'une loi. L'établissement des taxes pour la correspondance intérieure reste essentiellement du ressort des assemblées locales, de même que la réglementation intérieure appartient au gouverneur. Il y a lieu de faire remarquer que les envois de fonds à l'extérieur par mandats-poste rentrent dans les attributions du Trésor public.

Toutes nos colonies, à l'exception de la Réunion, de Mayotte et de Tahiti, sont reliées au réseau télégraphique international par des traités passés avec les compagnies d'exploitation, traités approuvés par des lois quand ils donnent lieu à une subvention métropolitaine. Les perceptions effectuées par le service des Postes et Télégraphes, en ce qui concerne les télégrammes, ne s'appliquent donc qu'à l'exploitation des lignes locales appartenant à la colonie. Les tarifs en sont fixés par le Conseil général.

Le personnel du service des Postes et Télégraphes, sauf dans les vieilles colonies, où il existe des agents strictement locaux recrutés sur place, est détaché, sous divers titres, des cadres du Sous-secrétariat d'État des Postes et Télégraphes. La situation des fonctionnaires ainsi prêtés est réglée par le décret du 28 juillet 1882 et l'arrêté ministériel du 29 juillet 1882.

Service des Douanes coloniales. — La loi du 11 janvier 1892 a astreint à la réglementation douanière de la métropole la presque totalité de notre empire colonial, n'exceptant de cette mesure que quelques rares colonies, soit à raison de leur peu d'importance, soit pour satisfaire à des engagements pris avec certaines puissances étrangères, soit par suite de considérations commerciales.

Nos possessions ont été ainsi divisées en deux groupes : celui comprenant la Martinique, la Guadeloupe, la Réunion, la Guyane, Saint-Pierre et Miquelon, le Gabon-Congo, Madagascar, l'Indo-Chine, Mayotte et la Nouvelle-Calédonie, dans lequel les produits indigènes, importés directement en France, y bénéficient d'un régime de faveur fixé par le tableau E annexé à la loi, et où les produits métropolitains ou originaires d'une colonie française, importés, ne sont frappés d'aucun droit, alors que les produits étrangers sont soumis aux mêmes droits que s'ils étaient importés en France ; et celui comprenant le Sénégal, le Soudan français, la Guinée française, la Côte d'Ivoire, le Dahomey, Tahiti, les établissements français de l'Inde et de la Côte des Somalis, dans lequel les produits indigènes ne jouissent d'aucune exemption à leur entrée en France et sont soumis aux droits du tarif minimum, sauf bénéfice d'un régime de faveur établi par des décrets rendus après avis du Conseil d'Etat, et où les produits d'origine française continuent à n'être frappés d'aucun droit, alors que les produits étrangers importés sont soumis à une taxe douanière non plus fixée par le Parlement, mais votée par l'assemblée locale et approuvée par décret rendu en Conseil d'Etat.

Le régime douanier ainsi établi par la loi du 11 janvier 1892 exclut le principe de la réciprocité de traitement, même pour les colonies comprises dans le tableau E, dans les échanges consentis entre la France et ses colonies.

Les dépenses de personnel et de matériel du service des Douanes ont été mises à la charge des colonies, par l'article 6 de la loi du 11 janvier 1892. Les sommes à inscrire de ce fait au budget local de chaque colonie sont déterminées par décrets, et des arrêtés ministériels fixent le cadre du personnel destiné à chacune de nos possessions. Ce personnel est également chargé de la perception de l'octroi de mer. Il comprend des fonctionnaires détachés des cadres sédentaires ou actifs de la Direction Générale des douanes. Par dérogations aux règles générales concernant les agents prêtés aux services locaux par les départements ministériels, ces fonctionnaires ont droit, après trois ans ou cinq ans de présence dans les colonies, suivant leur degré de salubrité, à être réintégrés dans l'Administration métropolitaine avec le grade dont ils sont titulaires aux colonies.

En Indo-Chine, le service des Douanes et Régies, qui a à sa tête un directeur nommé par décret, est autonome. Son personnel, qui comprend à la fois des agents européens et des préposés asiatiques, dépend, à l'exception de certains chefs d'emplois spécialement détachés du ministère des Finances, exclusivement du ministre des Colonies. Il est régi par le décret du 15 février 1896.

Services divers. — Indépendamment des services principaux qui viennent d'être énumérés, il existe dans les colonies des services spéciaux, également subordonnés au Secrétariat général, dont le titre indique suffisamment la destination. Ce sont ceux des ports et rades, des prisons, de la police, de l'imprimerie du Gouvernement, des jardins botaniques, des eaux et forêts, de la topographie et du cadastre, de l'assistance publique, etc., etc., dont les agents, à qualifications et appointements variables sont, comme les précédents, exclusivement rémunérés par les budgets locaux.

B. *Services indépendants du Secrétariat général.* — Ce qui caractérise ces services, c'est qu'ils sont placés sous l'autorité d'un des chefs de service dont les attributions ont été examinées au cours de cette étude. Le Secrétariat général n'a donc à intervenir, en ce qui les concerne, que pour la présentation des recettes et des dépenses qu'ils occasionnent dans le projet de budget qu'il soumet au Conseil Général.

Service de l'Instruction publique. — Les colonies n'ont pas, en ce qui concerne l'Instruction publique, une organisation uniforme. A la Martinique, à la Guadeloupe et à la Réunion, le régime scolaire est organisé par des décrets rendus en Conseil d'État, en exécution de l'art. 6 du sénatus-consulte du 3 mai 1854 ; partout ailleurs, des décrets simples et même des arrêtés locaux ont suffi. Il a déjà été dit que seules les colonies à législature et la Guyane ont pour le service de l'Instruction publique un chef spécial possédant à peu près les attributions dévolues en France aux recteurs; dans nos autres possessions, le soin d'assurer l'instruction est dévolu au Secrétaire général.

L'enseignement supérieur est représenté par l'Ecole de droit de la Martinique, les cours juridiques de la Guadeloupe et des établissements français de l'Inde. Le gouverneur choisit, généralement parmi les magistrats et avocats, les personnes pourvues du diplôme de licencié en droit qui sont ainsi chargées d'enseigner la science du droit. A la sortie des cours il est délivré des certificats de capacité, qui doivent être convertis en diplômes devant une des facultés de la métropole.

L'enseignement secondaire est donné, dans les mêmes conditions qu'en France, à la Guadeloupe, à la Martinique et à la Réunion, où existent des lycées dont les professeurs sont détachés du ministère de l'Instruction publique. Des collèges coloniaux fonctionnent à la Guyane, au Sénégal, à la Nouvelle-Calédonie, à l'aide d'un personnel laïque ou religieux, le plus souvent emprunté à la métropole.

Les études faites dans les lycées des Antilles et de la Réunion ayant été reconnues équivalentes à celles faites en France, un jury spécial d'examen, dont la composition est déterminée par un décret du 27 août 1882, délivre, dans ces colonies, des brevets de capacité ès-sciences ou ès-lettres, qui peuvent être échangés contre les diplômes de bachelier correspondants, après révision des épreuves par la Faculté de Paris.

L'enseignement primaire est largement répandu dans toutes nos possessions. Aux Antilles et à la Réunion, il est obligatoire et gratuit, et donné par un personnel qui doit être laïque et avoir les brevets de capacité exigés par la loi; un Comité central de l'instruction publique joue le rôle dévolu en France à la commission départementale. Dans les autres colonies, où la loi du 30 octobre 1886 n'est pas applicable, l'organisation de l'enseignement primaire se trouve réglée par des arrêtés locaux;

il est donné, en très grande partie, par des congréganistes. En Cochinchine, où il existe un régime d'instruction publique très développé, les écoles primaires fournissent un enseignement qui s'élève au delà de l'enseignement primaire supérieur métropolitain. Les instituteurs congréganistes n'ont pas de hiérarchie proprement dite : ils relèvent directement du supérieur général de leur ordre, qui les désigne pour le service colonial et les rappelle en France à son gré, ou sur la demande du gouverneur de la colonie. Quant au cadre des instituteurs laïques, il comprend généralement des instituteurs et institutrices stagiaires, des instituteurs et institutrices titulaires de quatre classes, et des inspecteurs primaires de trois classes. Le recrutement se fait sur place ou dans la métropole ; il n'existe en effet qu'une seule école normale primaire aux colonies : elle a été créée à la Réunion par le décret du 24 avril 1883.

Service des Travaux Publics. — Le décret du 2 juin 1899, comme il a déjà été dit, a divisé nos colonies en deux groupes au point de vue de l'organisation du service des Travaux Publics. Cet acte ne concerne pas, en effet, les colonies à législature et l'Indo-Chine, où l'ancienne réglementation a été conservée. Dans ces colonies donc, le service des travaux publics relève directement du Secrétariat général, et la construction et l'entretien des bâtiments locaux, routes, ponts et ports sont confiés, au gré du chef de la colonie et dans la limite des crédits votés par le Conseil général, à des architectes ou ingénieurs, dirigeant un personnel de conducteurs et de surveillants, recrutés dans la métropole ou sur place, suivant les désiderata et les ressources financières de la colonie. Une seule restriction a été apportée à la faculté de choix du gouverneur : d'après un arrêté ministériel du 6 février 1892, le titre de conducteur colonial ne pourra désormais être acquis que par les agents ayant subi un examen devant un jury formé par les ingénieurs attachés à l'Inspection générale des travaux publics coloniaux à Paris. Les services des travaux sont généralement organisés comme dans les arrondissements métropolitains.

Dans les autres colonies, le décret du 2 juin 1899 a fait du service des Travaux publics un service autonome, placé sous les ordres d'un chef d'administration ou de service, dont les attributions ont déjà été étudiées, relevant directement du gouverneur. Des décrets rendus sur la proposition du ministre des Colonies fixent pour chacune d'elles le minimum des frais de personnel à inscrire aux dépenses obligatoires, et des arrêtés des gouverneurs consécutifs, ratifiés par le ministre, déterminent les cadres à employer dans les colonies. Ces cadres peuvent comprendre des ingénieurs en chef, ingénieurs principaux et ingénieurs de deux classes ; des sous-ingénieurs ; des conducteurs principaux et conducteurs principaux auxiliaires de deux classes ; des conducteurs et conducteurs auxiliaires de quatre classes ; des commis principaux, commis principaux auxiliaires, commis, commis auxiliaires de quatre classes, et un personnel inférieur recruté et nommé par le gouverneur. Les nominations et avancements en grade et en classe sont réservés au Ministre à partir de l'emploi de conducteur, le recrutement s'effectuant parmi les candidats appartenant aux corps des Ponts et Chaussées, du Génie militaire, des Agents voyers départementaux, ou pourvus d'un brevet d'ingénieur civil, qui sollicitent un emploi. Le décret indique ensuite les soldes et les pensions de retraite auxquelles a droit ce personnel, ainsi que les mesures disciplinaires qui lui sont applicables.

Il est à craindre que l'application de cet acte du pouvoir exécutif, qui pousse très loin l'organisation d'un service strictement local, dont les besoins ne correspondent peut-être pas à la qualité et au nombre du personnel qui va lui être imposé, ne rencontre de graves difficultés, dans les colonies pourvues d'assemblées chargées de gérer les finances locales.

Service de la Perception des contributions directes. — Aux termes des art. 181 et 182 du décret du 20 novembre 1882, les agents chargés, sous la surveillance et la responsabilité des trésoriers-payeurs et des trésoriers particuliers, de la perception des contributions directes et des revenus municipaux, sont nommés par les gouverneurs sur proposition des trésoriers-payeurs, et après agrément des trésoriers particuliers, s'il y a lieu; ils doivent fournir un cautionnement en numéraire. Dans presque toutes nos colonies, il existe ainsi des perceptions-recettes municipales qui sont, suivant leur importance, divisées par le gouverneur en un certain nombre de classes.

En Indo-Chine et à Madagascar, les fonctionnaires chargés de la perception de l'impôt sont empruntés aux cadres de la Trésorerie d'Algérie et d'Indo-Chine, dans les conditions fixées par les décrets des 15 mai 1874 et 15 mars 1889.

Considérations générales sur le personnel local. — Ainsi, en dehors du secrétaire général et du personnel supérieur des secrétariats généraux, il existe deux situations bien tranchées dans le statut des fonctionnaires locaux. Les uns, et ce sont les plus nombreux, tiennent directement à la colonie, où ils font toute leur carrière, et ne reconnaissent d'autre autorité que celle du chef de la colonie, avec faculté d'appeler de ses décisions au ministre des Colonies; les autres, et ce sont les mieux rétribués, qui occupent généralement les emplois supérieurs dans chaque branche de l'Administration locale, ou qui remplissent des fonctions d'allure technique, ne tiennent temporairement à la colonie que par un lien d'emprunt, et ne cessent pas d'appartenir aux départements ministériels dont ils sont détachés, dans des conditions qui demandent à être discutées. Quoique placés, en effet, pendant la période où ils prêtent, à des traitements souvent très rémunérateurs, leurs services à la colonie, sous la haute autorité du gouverneur, autorité qui découle des pouvoirs généraux de ce haut fonctionnaire exposés ci-dessus, ils continuent à garder leur rang dans la hiérarchie de leurs administrations métropolitaines, et y reçoivent, du ministre dont ils relèvent, des avancements indépendants de leurs fonctions coloniales ; leurs pensions de retraite mêmes leur sont concédées dans les modes adoptés pour leurs collègues ayant fait toute leur carrière dans la métropole. Cette situation est anormale ; si elle pouvait s'expliquer alors que nos colonies étaient surtout des territoires militaires, elle aurait dû, au moins, prendre fin progressivement au fur et à mesure que nos possessions, dotées successivement de tous les organismes de la mère-patrie, entraient résolument dans la voie de la décentralisation. Il faut que la colonie soit maîtresse des agents qu'elle paie, si elle veut que son service soit bien fait ; il faut que ses agents, nommés en son nom par le gouverneur, tiennent de lui, et par conséquent d'elle, leur avancement comme aussi leur déchéance, comme aussi leur pension de retraite ; il faut que, soumis au seul chef de la colonie, avec faculté d'appel au ministre des Colonies, les chefs des services locaux ne puissent plus se dérober à des ordres précis, chercher à déplacer des responsabilités, éviter un contrôle gênant, en invoquant des règles ou des instructions étrangères à la colonie ou au Département. Il faut, enfin, que les colonies sachent faire les sacrifices suffisants pour s'assurer les bons services d'un personnel dont la tâche lourde, et souvent ingrate, exige des qualités de science, d'énergie, de santé, d'activité et de tact qu'il est parfois difficile de rencontrer réunies.

L'attention de la jeunesse intelligente et laborieuse du pays est maintenant attirée vers les carrières coloniales trop longtemps négligées. Déjà, par la création de l'Ecole coloniale, le ministre des Colonies a acquis un personnel d'administrateurs dont les services sont tous les jours mieux appréciés. Que les colonies, à leur tour, s'efforcent de s'assurer le concours des bonnes volontés qui ne demandent qu'à se manifester ; que, préférant la qualité au nombre, elles n'hésitent pas à concéder à ceux qu'elles appelleront des avantages correspondants aux obligations qu'elles leur imposeront, et bientôt elles auront un personnel qui, sachant qu'il doit tout attendre d'elles, ne s'inspirera que de la sauvegarde de leurs intérêts, qui seront aussi les siens. L'Indo-Chine n'a-t-elle pas, d'ailleurs, montré la voie ? Le décret du 5 mai 1898, pris sur l'initiative de son gouverneur général, a résolu le problème si complexe des retraites locales. Par cet acte, en effet, une caisse locale de retraite a été constituée, en Indo-Chine, pour les employés des services civils locaux non pensionnés par l'Etat. En échange d'une retenue de 5 0/0 opérée sur la totalité des appointements du fonctionnaire, et d'un versement de 4 0/0 effectué sur la même base par le budget local, la caisse lui sert une pension après 25 ans de services, en en prévoyant une pour sa veuve et ses orphelins. Des pensions pour blessures ou infirmités contractées au service, des pensions proportionnelles après 15 ans de services effectifs ont été également prévues. Le 27 juin 1899 une caisse de prévoyance était également instituée, au Soudan français, pour les fonctionnaires locaux exclus du bénéfice des pensions civiles. Puissent ces actes de bonne administration, et d'humanité, être bientôt imités par toutes nos colonies !

SECTION III

ADMINISTRATIONS ET SERVICES MILITAIRES

§ 1er. — Garde et défense des colonies. — Marine et troupes aux colonies.

Les ordonnances organiques, et les actes ultérieurs qui ont déterminé les attributions du représentant du pouvoir métropolitain dans nos possessions d'outre-mer, ont, ainsi qu'il a déjà été dit, posé le principe que le chef de la colonie a sous ses ordres, sans pouvoir cependant participer directement à l'action militaire, les commandants des forces de terre et de mer, et qu'il est responsable de la défense des territoires relevant de son autorité.

Cette règle a été consacrée par le décret du 3 février 1890, qui, en transportant la responsabilité de la défense coloniale du ministre de la Marine au ministre chargé des colonies s'exprime ainsi : « Le gouverneur général de l'Indo-Chine et les gouverneurs des colonies sont responsables, sous l'autorité directe du ministre chargé des colonies, de la garde et de la défense intérieure et extérieure des territoires placés sous leurs ordres. »

En conséquence, le département des Colonies a été pourvu par le parlement des crédits nécessaires pour assurer les prestations en deniers et matières auxquelles ont droit les troupes aux colonies, ainsi que de ceux nécessaires pour l'entretien, la construction et l'armement des ouvrages de fortification et autres bâtiments militaires. Aux termes du décret du 1er avril 1899, le ministère de la Marine ne conserve à sa charge que les dépenses de personnel et de matériel relatives à la défense navale et aux arsenaux maritimes des points d'appui de la flotte. Mais les troupes servant aux colonies n'appartiennent pas au ministère des Colonies ; elles lui sont prêtées par le département de la Marine, et, incidemment, par celui de la Guerre.

Les expéditions coloniales exigent des qualités de solidité et d'endurance, une connaissance des lois de l'hygiène qui ne peuvent être demandées qu'à des soldats d'élite, se spécialisant dans une carrière toujours pénible, et souvent meurtrière. Pour satisfaire en tous points à la brillante mais lourde tâche qui lui incombe, l'armée coloniale devrait avoir un recrutement, une hiérarchie, des règles d'avancement, des allocations, des bénéfices de congés, des pensions de retraite qui lui soient propres ; elle devrait former un tout homogène, distinct de l'armée continentale, au milieu de laquelle elle saurait, au besoin, reprendre sa place. On est généralement d'accord pour reconnaître la nécessité de constituer une armée coloniale, mais on diffère sur les moyens d'arriver à cette organisation. Les uns voudraient, par tradition, laisser les troupes coloniales à la Marine ; d'autres les mettraient sous la dépendance du ministre des Colonies ; enfin, la Guerre en réclame la direction. Ce sont surtout ces compétitions qui retardent la solution du problème. Quel que soit, d'ailleurs, le département ministériel qui possédera les troupes coloniales, on ne pourra éviter à l'avenir les difficultés qui se sont fréquemment produites, qu'en donnant au ministre des Colonies, à l'égard des troupes servant dans nos possessions, des pouvoirs disciplinaires propres, et une action directe sur l'avancement (1).

En tant que marins, le département de la Marine ne prête au ministère des Colonies que les officiers et équipages de la flottille du Tonkin stationnée à Haïphong et le personnel nécessaire au fonctionnement de l'arsenal maritime de ce port. Dans toutes nos autres possessions, et principalement à Saï-

---

(1) Voir, parmi les dernières propositions de loi sur l'armée coloniale : Projet de M. Cavaignac, ministre de la guerre (Annexe au procès-verbal de la séance de la Chambre des députés du 2 avril 1896) ; projet de M. le général Billot, ministre de la Guerre (Annexe au procès-verbal de la séance de la Chambre des députés du 27 octobre 1896) ; projet de M. Cabard-Danneville (annexe au procès-verbal de la séance du Sénat du 11 février 1896) ; projet de M. Bazille (annexe au procès-verbal de la séance de la Chambre des députés du 6 juillet 1898) ; projet de M. de Montebello (annexe au procès-verbal de la séance de la Chambre des députés du 28 novembre 1898) ; projet de M. Chautemps (annexe au procès-verbal de la séance de la Chambre des députés du 13 décembre 1898) ; projet de M. Raiberti (annexe au procès-verbal de la séance de la Chambre des députés du 13 décembre 1898) ; projet de M. Etienne (Annexe au procès-verbal de la séance de la Chambre des députés du 21 décembre 1898) ; projet de M. le général de Gallifet, ministre de la Guerre (Annexe au procès-verbal de la séance de la Chambre des députés du 1er décembre 1899).

gon, le département de la Marine administre lui-même et supporte les frais d'entretien des forces navales qui peuvent s'y trouver en station ou momentanément détachées.

Autrement important est le contingent de troupes d'infanterie et d'artillerie de marine, troupes dites coloniales par la loi du 15 juillet 1889, que le ministère de la Marine fournit aux colonies.

Le corps de l'Infanterie de marine a été réorganisé par les décrets des 1er mars 1890 et 8 novembre 1891. Il comporte, dans la métropole, dix régiments que l'on peut qualifier de régiments-dépôt, formant 4 brigades, destinés, tout en concourant à la défense nationale, à la garde des arsenaux dans les ports de guerre et, plus spécialement, à assurer, au bout d'un temps réglementairement déterminé, la relève des troupes de l'arme détachées aux colonies. A l'aide de ses régiments-dépôt, l'infanterie de marine fournit, en effet, à nos diverses possessions, soit des régiments absolument européens qui, constitués en unités administratives distinctes, prennent un numéro dans la formation de l'arme, soit les cadres européens des régiments indigènes spéciaux à certains de nos territoires d'outre-mer.

Le ministère des Colonies supporte ainsi, d'après les principes posés par le sénatus-consulte du 4 juillet 1866 et en conformité des termes de la loi annuelle de finances, les frais d'entretien et les charges d'administration :

Du 9e régiment d'infanterie de marine, stationné en Annam ;

Du 10e régiment d'infanterie de marine, stationné au Tonkin ;

Du 11e régiment d'infanterie de marine, stationné en Cochinchine ;

Du 12e régiment d'infanterie de marine, stationné en Nouvelle-Calédonie.

Du 13e régiment d'infanterie de marine, stationné à Madagascar ;

Du 14º régiment d'infanterie de marine, stationné au Sénégal ;

Des bataillons et compagnies d'infanterie de marine, formant corps, et stationnés dans diverses colonies ;

Du régiment indigène des tirailleurs sénégalais, stationné au Sénégal et dans nos diverses possessions de la Côte occidentale d'Afrique ;

Du régiment indigène de tirailleurs soudanais, stationné au Soudan français, et dans nos postes de la boucle du Niger et de l'hinterland dahoméen ;

Des 1er et 2e régiments indigènes de tirailleurs malgaches, stationnés à Madagascar ;

De la compagnie indigène de cipahis de l'Inde, formant un corps de police, stationnée dans les établissements français de l'Inde ;

De la compagnie de discipline de la marine, stationnée à la Martinique, avec dépôt à Oléron ;

Des deux compagnies, constituant le corps des disciplinaires des colonies, stationnées à Madagascar, avec dépôt à Oléron ;

Par exception aux règles générales, le budget de l'Indo-Chine supporte toutes les dépenses, tant de personnel que de matériel, résultant de l'entretien :

Des 4 régiments indigènes de tirailleurs tonkinois, stationnés en Annam et au Tonkin ;

Du régiment indigène de tirailleurs annamites, stationné en Cochinchine, et de la compagnie de discipline des corps indigènes de l'Indochine, stationnée en Cochinchine ;

Le corps de l'Artillerie de marine, réorganisé par le décret du 3 juillet 1893, comporte, dans la métropole, deux régiments-dépôt, stationnés à Lorient et à Cherbourg ; cinq compagnies-dépôt d'ouvriers, stationnées dans les cinq ports de guerre ; une compagnie-dépôt d'artificiers, stationnée à Toulon, et un état-major particulier, rendu très important, depuis que le décret du 26 juin 1880 a fait remise à l'artillerie de la marine du service des constructions militaires et des fortifications aux colonies. Grâce à ses divers éléments, le corps doit, en France, effectuer le service proprement dit des troupes d'artillerie, assurer le service des travaux des directions d'artillerie dans les arsenaux maritimes, et la fabrication des bouches à feu, affûts, projectiles et artifices nécessaires à l'artillerie de la flotte, et enfin, procéder à la relève, en temps opportun, des diverses sections de l'arme, tenant garnison dans nos possessions d'outre-mer ; aux colonies, concourir aux expéditions militaires et à la défense locale, et assurer le service des directions d'artillerie coloniales, qui comporte celui des constructions militaires et des fortifications.

Le ministère des Colonies entretient donc et administre aux colonies :

Des officiers et gardes d'artillerie de marine, constituant l'état major particulier de l'arme, spécialement affectés aux directions d'artillerie ;

Des batteries et détachements d'ouvriers et artificiers, dont le nombre, la nature et la composition sont déterminés par arrêtés ministériels pris suivant les besoins ;

Des cadres européens pour les compagnies indigènes de conducteurs d'artillerie.

Les batteries, qui constituent des unités administratives, sont divisées en deux groupes : le groupe de l'Afrique et des Antilles, et le groupe de l'Indo-Chine et de l'Océanie. Les détachements d'ouvriers forment une compagnie ; une compagnie auxiliaire est de plus stationnée au Soudan. Enfin il existe deux compagnies de conducteurs indigènes d'artillerie au Sénégal, deux compagnies au Soudan, deux compagnies de conducteurs sénégalais à Madagascar et une compagnie mixte au Tonkin.

Dans les mêmes conditions, le département de la Guerre prête au ministère des Colonies, qui supporte les charges de leur entretien et de leur administration :

Des bataillons détachés des régiments étrangers et des régiments de tirailleurs algériens, stationnés en Indo-Chine et à Madagascar;

Des officiers appartenant à l'état major particulier et des détachements de l'arme du Génie, affectés plus spécialement aux services d'étude, de construction et d'exploitation des chemins de fer au Soudan et à Madagascar;

Les cadres, détachés du 1er régiment de Spahis, de l'escadron de spahis sénégalais stationné au Sénégal, et des deux escadrons de spahis soudanais, stationnés dans nos postes du Soudan et de la boucle du Niger.

Des détachements de la Gendarmerie départementale, qui constituent la gendarmerie coloniale, régie, elle aussi, par le décret du 1er mars 1854. La gendarmerie coloniale répartie entre nos possessions par compagnies et détachements, suivant décrets pris par le ministre de la Guerre, après avis du ministre des Colonies, y effectue le même service, y jouit des mêmes prérogatives, y est astreinte aux mêmes obligations que dans la métropole.

§ 2. — Recrutement des troupes coloniales. — Inscription maritime aux colonies. — Administration des troupes coloniales. — Service de santé.

Recrutement. — La loi du 30 juillet 1893, présentée improprement comme « portant organisation de l'armée coloniale », donne les règles du recrutement de « l'élément français » des troupes coloniales.

L'armée coloniale, y est-il dit, se recrute exclusivement par des volontaires qui entrent au service soit par voie d'engagement volontaire, soit par incorporation directe des appelés qui en ont fait la demande, soit par rengagement ou commission, soit enfin, en cas d'insuffisance de ces éléments, par l'appel fait, sous forme d'engagements, aux volontaires de l'armée de terre ayant plus d'un an de présence sous les drapeaux.

Le recrutement par la voie de « l'élément créole » continue à être régi, théoriquement, par la loi du 15 juillet 1889, et, pratiquement, en ce qui concerne l'île de la Réunion, par la loi du 1ᵉʳ août 1895 et le décret du 24 septembre 1895.

Dans le titre spécial qu'elle consacre aux obligations militaires des citoyens des colonies, la loi du 15 juillet 1889, sur le recrutement de l'armée, divise nos possessions en deux groupes bien distincts. La Guadeloupe, la Martinique, la Réunion et la Guyane sont assimilées à la métropole; le service dans l'armée active est de trois ans et doit se faire en France; toutefois, les jeunes gens dispensés et ceux faisant partie de la dernière portion du contingent accomplissent leur année de service dans leur colonie d'origine. Dans nos autres possessions, les jeunes soldats sont incorporés dans les troupes stationnées sur place, et restent pendant un an présents sous les drapeaux; si, cependant, il n'existe pas de troupes françaises dans la colonie, les jeunes gens du contingent sont dispensés, par le fait de leur résidence, de servir effectivement.

Malgré ses termes impératifs, la loi du 15 juillet 1889, par suite de la difficulté de la mise en pratique, aux colonies, de ses dispositions, n'a encore pu être appliquée qu'à la Réunion, et cela grâce au tempérament qu'y a apporté la loi du 1ᵉʳ août 1895 qui, sans porter atteinte aux principes généraux, a décidé que les hommes astreints à trois ans de service seraient encadrés dans les troupes présentes dans les colonies circonvoisines, la désignation de ces colonies devant être faite par arrêté ministériel. En vertu de cette autorisation, le ministre des Colonies a désigné l'île de Madagascar et ses dépendances pour recevoir les recrues de la Réunion.

Quant au recrutement de « l'élément indigène » des troupes coloniales, il n'est soumis à aucune règle générale. Des décrets ont fixé pour chaque colonie, Sénégal, Soudan, Dahomey, Madagascar, Cochinchine, Annam et Tonkin, les conditions dans lesquelles les indigènes peuvent être autorisés à s'engager ou à se réengager, et les allocations en deniers et en nature auxquelles ils ont ensuite droit. En Cochinchine, cependant, le recrutement des tirailleurs annamites est régional, et s'opère par voie d'appel selon la coutume annamite, chaque commune étant responsable de la présence de son contingent sous les drapeaux. Dans toutes les unités indigènes, les militaires du cadre indigène sont, à grade égal, toujours subordonnés à ceux du cadre français, et ne peuvent jamais exercer, même par intérim, le commandement d'une compagnie.

Inscription maritime. — Le régime de l'Inscription maritime, qui a pour but, en les mettant en dehors du recrutement normal de l'armée, de placer exclusivement à bord des bâtiments de la marine militaire les jeunes gens du littoral qui, dans des conditions déterminées, ont, jusqu'au moment de leur levée, pratiqué la navigation maritime, a été installé théoriquement par deux décrets du 16 août 1856 à la Martinique, à la Guadeloupe, à la Réunion, à la Guyane, au Sénégal et à Saint-Pierre et Miquelon. En fait, et bien que dans son article 63 la loi du 24 décembre 1896 ait remis en vigueur, pour les colonies précitées, à l'exception du Sénégal, la réglementation métropolitaine, il n'y est pas effectué de levée permanente, les engagements volontaires étant suffisants pour alimenter en personnel les bâtiments des divisions et stations locales.

Organisation et administration des troupes coloniales. — L'organisation militaire des troupes en service aux colonies est exactement basée sur celle de l'armée métropolitaine. Ou bien elles sont formées en régiments commandés par des colonels ou lieutenants-colonels, et divisés en bataillons et compagnies, qui sont soit isolés, soit groupés sous les ordres d'un général de brigade, soit réunis en un corps expéditionnaire placé sous les ordres d'un officier général commandant en chef, assisté d'un état-major général ; ou bien elles constituent des unités spéciales (batteries, compagnies, bataillons) détachées d'une portion centrale ou ayant une existence propre, dans lesquelles le commandement est exercé par l'officier le plus ancien.

La composition des garnisons variant suivant chacune de nos colonies, et aussi suivant l'importance des mouvements militaires qui s'y déroulent, il n'existe pas de règle fixe pour la constitution et la détermination exacte des effectifs. En Indo-Chine, le commandement en chef appartient à un général de division résidant à Hanoï, qui est assisté de deux généraux de brigade commandant en sous-ordre, l'un à Tuyen-Quan, l'autre à Saïgon. A Madagascar, le général de division, gouverneur général, est, en même temps, le commandant en chef des troupes. Au Sénégal, le décret du 17 octobre 1899 a prévu, pour un officier général ou supérieur, l'emploi de commandant supérieur des troupes de l'Afrique occidentale française. En Nouvelle-Calédonie, le colonel commandant le 12e régiment d'infanterie de marine prend le titre de commandant militaire. Dans les colonies à législature, le commandement des troupes appartient à un lieutenant-colonel ou à un chef de bataillon suivant l'importance de la garnison. Quel que soit le grade du détenteur du commandement militaire, ses pouvoirs sont toujours exercés sous la haute autorité du gouverneur, mais cette autorité gagnerait à être mieux et plus uniformément définie, ainsi que le constate l'exposé des motifs d'une proposition de loi concernant le gouvernement et l'administration des colonies (annexe au procès-verbal de la séance du Sénat du 23 décembre 1898).

Le Parlement ayant mis à la charge du département des Colonies les frais résultant de l'entretien, dans nos établissements d'outre-mer, des troupes coloniales, il était nécessaire que le ministre responsable eût sous ses ordres immédiats des fonctionnaires destinés à gérer les crédits ainsi mis à sa disposition. Cette mission d'administration des crédits militaires a été dévolue au corps du Commissariat colonial.

Le corps du commissariat colonial a été créé par le décret du 5 octobre 1889 qui, dans son article 1er, a décidé que la portion du corps du commissariat de la marine affectée au service des colonies prendrait la dénomination de commissariat colonial, et relèverait exclusivement du ministre « chargé des colonies », les fonctionnaires du commissariat colonial demeurant placés sous le régime de la loi du 19 mai 1834 et conservant les attributions qu'ils exerçaient antérieurement dans les possessions et établissements d'outre-mer. L'état d'officier ne peut donc pas être contesté aux commissaires coloniaux mis en possession de leur grade avant le 5 octobre 1889. Le Conseil d'Etat s'est refusé à reconnaître cette qualité à ceux qui ont été promus depuis cette date, en se fondant sur ce fait, qu'ils n'ont jamais appartenu et n'appartiennent ni à l'armée de terre, ni à l'armée de mer. La question restera probablement controversée, jusqu'au moment de la constitution définitive de l'armée coloniale.

En fait, les commissaires coloniaux, en dehors des attributions spéciales dont il a déjà été question, qui leur appartiennent à Paris et dans les ports de commerce de la métropole, remplissent aux colonies le même service que les fonctionnaires de l'Intendance militaire en France. Le décret du 14 septembre 1896, qui réorganise les cadres des officiers et agents du commissariat colonial et des comptables coloniaux, les a répartis dans chaque colonie, sous l'autorité du commissaire le plus élevé en grade, qui prend le titre de Chef du service administratif, entre deux détails concernant, l'un l'allocation des prestations de toute nature auxquelles a droit tout le personnel militaire ou maritime entretenu par le département, l'autre les soins d'achat, de garde et de comptabilité de tout le matériel colonial. Le détail de l'ordonnancement des dépenses militaires et de l'administration des crédits corrélatifs est réservé, avec la présidence de la Commission des marchés, au chef du service. Les marchés sont passés avec concurrence et publicité dans les formes prescrites par les conditions générales du ministère des Colonies en date du 27 juillet 1899, qui, elles-mêmes, reproduisent les principales dispositions du décret-règlement d'administration publique du 18 novembre 1882, relatif aux adjudications et aux marchés passés au nom de l'État.

La hiérarchie du corps des fonctionnaires du Commissariat colonial comporte des aide-commissaires stagiaires, aide-commissaires, sous-commissaires, commissaires-adjoints, commissaires et commissaires généraux, assimilés aux enseignes de vaisseau, lieutenants de vaisseau, capitaines de corvette (grade qui n'existe plus dans la marine), capitaines de vaisseau, les commissaires généraux prenant rang entre les capitaines de vaisseau et les contre-amiraux. Le recrutement s'effectue, sans concours, par les élèves de l'École polytechnique ayant satisfait aux examens de sortie, et les élèves brevetés de la section du commissariat de l'École coloniale pourvus du diplôme de licencié en droit, et, après concours, par les agents ou commis du commissariat colonial. L'avancement a lieu à l'ancienneté et, dans une proportion déterminée, au choix jusqu'au grade de commissaire adjoint, et exclusivement au choix à partir de ce grade. Le choix porte sur les fonctionnaires inscrits sur un tableau d'avancement par une commission siégeant à Paris. Les nominations, sauf pour le grade d'aide-commissaire stagiaire, et les avancements ont lieu par décret. Les pensions de retraite militaires sont celles qu'allouent les tarifs annexés à la loi du 4 août 1879 au personnel des officiers du commissariat de la marine.

Le service des bureaux du commissariat colonial est assuré par un personnel spécial civil, mais auquel sa qualité de justiciable des conseils de guerre donne droit à certains avantages propres aux militaires (retraite à forme militaire, réduction du tarif sur les voies ferrées). Les cadres du personnel des agents et commis du commissariat colonial ont été fixés par le décret du 14 septembre 1896. La hiérarchie comprend des commis de trois classes, sous-agents, agents de deux classes et agents principaux, ces derniers seuls nommés par décret et exclusivement au choix, les autres nominations étant réservées au ministre. Le recrutement s'opère sans concours, parmi les sous-officiers commissionnés, en vertu de la loi du 18 mars 1889, et, après concours, parmi les écrivains ou employés des services coloniaux, les sous-officiers, et les jeunes gens possesseurs de certains diplômes. Le concours existe également parmi les commis pour le passage à l'emploi de sous-agent, dans une proportion déterminée. Il n'existe pas d'assimilation, en dehors de celle admise pour les pensions militaires de retraite, entre ce personnel et celui des officiers du commissariat colonial ; il lui est toujours subordonné.

Les officiers du commissariat colonial ont également sous leurs ordres le personnel des comptables des matières des colonies, qui a été réorganisé par le décret du 6 décembre 1898. Ces agents, qui jouissent d'un statut semblable à celui des agents et commis du commissariat colonial, et sont recrutés d'une façon analogue, ont la garde et la responsabilité, garantie par un cautionnement, du matériel de toute nature en approvisionnement dans les divers magasins du département, en France et aux colonies. La hiérarchie comporte des magasiniers de quatre classes, sous-agents comptables, agents comptables de 1re et 2e classes nommés par le ministre, et des agents principaux nommés par décret.

Enfin les commissaires de l'inscription maritime aux colonies sont assistés de syndics des gens de mer et de gardes maritimes, qui sont des agents civils dont la nomination est laissée au gouverneur.

Service de santé. — Le Corps de santé des colonies et pays de protectorat a été séparé du corps de santé de la marine et formé en corps autonome relevant directement du ministre « chargé » des colonies, par le décret du 7 janvier 1890, modifié par le décret du 11 août 1893. Il a pour mission d'assurer dans tous ses détails, même administratifs, le service sanitaire dans les hôpitaux et établissements et services coloniaux. Il constitue également le conseil de santé propre à chaque colonie. Ses attributions dans la métropole ont déjà été exposées lorsqu'il a été traité de l'Inspection générale du service de santé des colonies et pays de protectorat, qui siège au ministère des Colonies.

De même que pour les commissaires coloniaux, et pour des considérations identiques, la question de savoir si les médecins et pharmaciens coloniaux nommés depuis le 7 janvier 1890 jouissent de l'état d'officier est controversée, les médecins coloniaux n'ayant point accès dans les corps de troupes. Ceux-ci ont leur personnel médical propre, appartenant aux cadres des médecins de la Marine ou de la Guerre, et leurs infirmeries et ambulances tendent chaque jour, par l'effet de cet esprit séparatiste ambiant aux colonies, dont il a déjà été question, à prendre des proportions plus considérables. Seuls les malades militaires souffrant d'une affection trop grave pour pouvoir être convenablement traités dans les ambulances régimentaires et les fonctionnaires coloniaux ou locaux (ces derniers quand la colonie n'a pas un hôpital à elle) sont soignés dans les hôpitaux coloniaux pourvus cependant de tout le personnel et matériel désirables.

Les décrets des 7 janvier 1890, 20 et 26 octobre 1896, 25 mai 1897 ont fixé les cadres, le recrutement, la hiérarchie et les règles relatives à l'avancement des fonctionnaires du corps de santé des colonies et pays de protectorat. Le corps se divise en deux lignes, la ligne médicale et la ligne pharmaceutique, et comprend des médecins ou pharmaciens de 2º classe, médecins ou pharmaciens de 1re classe, médecins ou pharmaciens principaux, médecins ou pharmaciens en chef de 2º classe, médecins ou pharmaciens en chef de 1re classe, médecin-inspecteur de 2º classe, médecin-inspecteur de 1re classe avec le titre d'inspecteur général, respectivement assimilés aux enseignes et lieutenants de vaisseau, capitaines de corvette, de frégate et de vaisseau et contre-amiraux, le médecin-inspecteur de 2º classe prenant rang entre les capitaines de vaisseau et les contre-amiraux. Toutes les nominations sont faites par décret, les grades étant donnés à l'ancienneté et au choix, dans une proportion déterminée, jusqu'à celui de médecin ou pharmacien principal, exclusivement au choix au delà. Le choix porte sur les candidats inscrits sur un tableau d'avancement par une commission se réunissant annuellement à cet effet à Paris. Les pensions de retraite, militaires, sont liquidées conformément aux lois des 18 avril 1831 et 5 août 1879. Le recrutement s'effectue parmi les jeunes Français âgés de moins de 28 ans, possesseurs du diplôme de docteur en médecine ou de pharmacien de 1re classe, la préférence étant accordée aux élèves de l'école de santé qu'entretient le département de la Marine à Bordeaux. De plus un décret du 25 mai 1897 autorise la création de médecins et de pharmaciens auxiliaires sous certaines conditions.

Un personnel spécial militaire d'infirmiers coloniaux, placé sous les ordres des officiers du corps de santé, a été créé par le décret du 14 février pour le service des hôpitaux des colonies. Le cadre comporte des infirmiers stagiaires et infirmiers ordinaires de deux classes, européens ou indigènes, dont la nomination, après engagement et rengagement, et l'avancement dépendent des gouverneurs, et des infirmiers majors et infirmiers chefs de deux classes, assimilés aux infimiers de même catégorie du département de la Marine, qui sont nommés et avancés par le ministre des Colonies.

Le personnel des infirmiers coloniaux a droit à la solde et aux indemnités prévues par le décret du 23 décembre 1897, au logement et à la ration. Il est retraité par application des lois des 18 avril 1831 et 8 août 1883 concernant les pensions de l'armée de mer.

§ 3. — Milices. — Cercles et territoires militaires.

Milices. — Dès la première période d'occupation de nos colonies, des compagnies armées se constituèrent, avec le concours des habitants, sous le nom de milices, pour assurer le maintien de l'ordre dans le pays et participer au besoin, avec la garnison régulière, à sa défense contre une agression étrangère. Les compagnies de pompiers existant actuellement dans nos vieilles colonies sont les derniers vestiges de ce primitif état de choses. La participation des colons à la vie militaire de leur pays ne s'en manifeste pas moins, chaque fois que les circonstances l'exigent. Les compagnies de volontaires organisées à Nouméa lors de l'insurrection canaque de 1878 et le bataillon de volontaires créé à la Réunion pour aider à la conquête de Madagascar, en fournissent la preuve.

La charge de la garde et de la défense de nos colonies appartient aujourd'hui aux troupes coloniales. Toutefois, dans certaines de nos possessions, l'étendue du territoire à protéger, la difficulté des communications, la rigueur du climat à l'encontre des Européens, l'obligation d'une connaissance approfondie des mœurs et de la langue des indigènes, ont nécessité la constitution de corps de police civils placés immédiatement sous les ordres de l'administrateur ou du résident. C'est ainsi que l'art. 6 du décret du 18 août 1890 a prévu la création au Soudan français d'une milice indigène pour la police du territoire, que des arrêtés locaux, approuvés par le ministre des Colonies le 6 juillet 1894, ont organisé au Dahomey une garde civile qui, depuis la dissolution du corps des tirailleurs haoussas, prononcée le 13 septembre 1897, constitue la seule garnison du pays ; qu'en Cochinchine, les administrateurs des affaires indigènes font assurer la police de leur arrondissement, la garde de l'inspection, le service des escortes de la poste, par des miliciens réorganisés par l'arrêté local du 12 juin 1878 ; que, dans les protectorats de l'Indo-Chine, la charge du maintien de la tranquillité intérieure est confiée à une garde indigène dont l'organisation définitive a été sanctionnée par le décret du 9 janvier 1895 ; qu'une garde indigène a été créée dans le même but à Madagascar par le décret du 11 juillet 1896. Les actes constitutifs de ces différents corps ont spécifié le mode de recrutement des gardes indigènes, la hiérarchie, l'avancement, la pension militaire de retraite du cadre européen. Les emplois supérieurs sont donnés à d'anciens officiers ou sous-officiers des armées de terre et de mer, et comportent généralement les titres de gardes principaux, inspecteurs et inspecteurs principaux.

Cercles et territoires militaires. — Lors de l'étude qui a été faite des attributions des administrateurs coloniaux, il a déjà été dit que le territoire de la plupart de nos possessions était divisé en circonscriptions administratives ou cercles. Au Sénégal principalement, au fur et à mesure de la marche en avant, des cercles avaient été installés sur le mode de ceux qui fonctionnent en Algérie. Nos récentes conquêtes au Tonkin, au Soudan, à Madagascar, nécessitèrent, avec une organisation analogue, la délimitation de circonscriptions qui gardèrent le nom de cercle, ou prirent celui de territoire militaire. « Des territoires militaires pourront être déterminés par le gouverneur général, après avis du résident supérieur compétent, et de l'autorité militaire, » dit le décret du 21 avril 1891, fixant les attributions du gouverneur général de l'Indo-Chine. « Dans ces territoires, l'autorité militaire exercera les pouvoirs du résident supérieur. Ces territoires rentreront sous le régime normal par décision du gouverneur général. » Et après avoir reproduit, en termes à peu près identiques, cette disposition, le décret du 11 décembre 1895, relatif aux pouvoirs du résident général à Madagascar, ajoute : « Les officiers commandant ces territoires sont nommés sur la présentation du commandant supérieur des troupes par le résident général, et correspondent avec lui pour les affaires administratives. » Au Soudan français, la matière avait été réglée par le décret du 27 août 1892, que ne modifient pas sur ce point le décret du 21 novembre 1893, relatif à l'organisation administrative et politique de cette colonie et le nouvel acte du 17 octobre 1899. « Le Commandant supérieur chargé de l'administration du Soudan français peut déléguer tout ou partie de ses pouvoirs aux commandants de cercle qui agissent sous son autorité. » Au Sénégal, le décret du 13 décembre 1891 avait réorganisé la constitution et le fonctionnement des cercles.

Le rôle de l'administrateur, civil ou militaire, placé à la tête des circonscriptions ainsi déterminées par les gouverneurs généraux de l'Indo-Chine, de l'Afrique occidentale française ou de Madagascar, consiste à s'efforcer de maintenir et d'améliorer les bonnes relations politiques existant avec les chefs indigènes de la région, et à établir le budget particulier de l'établissement. Ce budget doit être approuvé par l'autorité supérieure. Il indique, dans sa partie « recettes », quels sont les impôts que l'administrateur sera autorisé à réclamer des indigènes, et, dans sa partie « dépenses », il applique les ressources qui seront ainsi perçues aux travaux de toute nature, destinés à favoriser le développement économique et agricole du pays.

TITRE II

ORGANISATION JUDICIAIRE ET LÉGISLATION COLONIALE

CHAPITRE Ier

ORGANISATION JUDICIAIRE

SECTION 1re

PRINCIPES GÉNÉRAUX

Avant d'aborder l'étude des modifications successives, apportées au cours du xixe siècle à l'organisation judiciaire de nos établissements d'outre-mer, il convient de dégager les caractères généraux qui ont toujours distingué cette organisation des institutions en vigueur dans la métropole.

C'est d'abord, l'amovibilité des magistrats coloniaux. La garantie d'indépendance résultant pour les juges de l'impossibilité où se trouve le pouvoir politique de les déplacer ou de les révoquer a paru moins essentielle dans une organisation judiciaire qui comporte fréquemment l'extension de la compétence des juges de paix, magistrats amovibles même en France, et l'intervention dans l'administration de la justice de fonctionnaires administratifs, soit en vertu même de leurs attributions, soit par suite d'une délégation spéciale. Il a pourtant été question à diverses reprises d'accorder aux magistrats et aux justiciables des colonies, les garanties que seule peut leur donner l'inamovibilité de la magistrature assise (1).

D'autre part, tandis qu'en France la loi réglemente avec minutie le nombre des juges qui doivent prendre part au jugement des procès, nombre qui n'est jamais inférieur à trois, aux colonies les affaires sont souvent dévolues à des tribunaux composés d'un seul magistrat. En vue de donner satisfaction aux nécessités qui imposaient parfois l'installation d'un tribunal dans des centres éloignés alors que le nombre et l'importance des litiges ne justifiaient pas la présence d'un personnel aussi complet et aussi coûteux que celui d'un tribunal de première instance proprement dit, on a été en effet, amené à essayer de deux systèmes, celui de l'unicité de juge en première instance, et celui de la justice de paix à compétence étendue.

Les deux organisations ont des points de ressemblance, puisque les affaires portées devant l'une ou l'autre juridiction sont les mêmes; elles ne sont cependant pas identiques. Le tribunal de première instance constitue une juridiction de droit commun, et sa compétence s'étend à tout litige dont la connaissance n'est pas spécialement réservée par la loi à une autre juridiction; la justice de paix, au contraire, est une juridiction d'exception, rigoureusement limitée à la compétence que la loi lui confère expressément. En outre, les règles de la procédure sont dans un cas celles des justices de paix, dans l'autre celles des tribunaux de droit commun.

Au point de vue de l'Administration de la justice criminelle, il y a lieu de remarquer que celle-ci, confiée au jury aux Antilles et à la Réunion, est dans la plupart des autres établissements entre les mains de conseils mixtes composés, d'une part, de

(1) Voir une proposition de loi de M. A. Isaac, sur le régime judiciaire des colonies (annexe au procès-verbal de la séance du Sénat du 30 novembre 1896).

magistrats et, d'autre part, d'assesseurs qui sont parfois des fonctionnaires, et, le plus souvent, des notables européens ou indigènes.

Comme on pouvait s'y attendre, il s'est rencontré, dans l'histoire judiciaire des colonies, des créations spontanées de juridictions, là où le pouvoir n'avait pas pris en temps utile les mesures nécessaires pour permettre aux justiciables le recours devant des tribunaux réguliers ; on verra, en Océanie, un exemple de ce genre. On trouvera aussi en ce qui concerne les indigènes non seulement des tribunaux civils spéciaux, mais aussi, une juridiction administrative spéciale, à savoir la répression par voie disciplinaire des infractions aux arrêtés du Gouverneur.

Le régime législatif des colonies en matière judiciaire résulte, ainsi qu'il a été dit déjà, des articles 6 et 18 du sénatus-consulte du 3 mai 1854. Il comporte une distinction entre les Antilles et la Réunion, d'une part, qui sont régies par décrets en Conseil d'État, et les autres colonies qui sont régies par décrets simples. Néanmoins une loi seule peut modifier l'institution du jury, et c'est une loi du 15 avril 1890 qui a remanié l'organisation judiciaire de la Guadeloupe, de la Martinique et de la Réunion.

On a vu que le personnel de la magistrature coloniale est, comme l'organisation judiciaire des colonies, distinct de celui de la métropole ; il est considéré comme détaché du ministère de la Justice, et les nominations sont contresignées par les ministres de la Justice et des Colonies ; par ce dernier seul, en ce qui concerne les juges de paix à compétence étendue.

Il n'est pas inutile de rappeler qu'aux colonies, le chef du service judiciaire est, dans la plupart des cas, le magistrat le plus élevé du ministère public, et qu'il n'existe pas de premier président dans les cours coloniales. Le chef du service judiciaire participe, comme membre du conseil privé, à l'administration générale de la colonie, et ces fonctions cadrent mieux avec le caractère de la magistrature debout qu'avec celui de la magistrature assise. C'est donc seulement, dans les colonies où il n'existe ni procureur général, ni procureur de la République, que les fonctions de chef du service judiciaire sont attribuées au juge président.

Le chef du service judiciaire exerce des fonctions de surveillance et de discipline en ce qui concerne les magistrats et les officiers ministériels. Il n'existe ni conseil supérieur de la magistrature, ni chambres de discipline. Les peines disciplinaires sont prononcées, en ce qui concerne les magistrats, par le gouverneur ou le ministre; en ce qui concerne les officiers ministériels, par le chef du service judiciaire, par le gouverneur en conseil privé, ou par le ministre.

Le gouverneur qui a le devoir et le pouvoir de tenir la main à l'exécution des décisions des tribunaux, ne prend aucune part à l'administration de la justice, sauf dans le cas où s'ajoute à ses fonctions de gouverneur celle de président d'un tribunal (Conseil d'appel). Il ne peut même pas enjoindre au ministère public d'exercer des poursuites, à moins qu'il ne s'agisse d'une action à intenter au nom et dans l'intérêt de l'Etat.

Ici, comme en toute autre matière, se retrouve la séparation des colonies en deux groupes : le premier, comprenant la Martinique, la Guadeloupe et la Réunion ; le second, englobant toutes les autres possessions. Dans les anciennes colonies, l'organisation judiciaire est, à peu de choses près, celle de la métropole. Partout ailleurs, elle repose sur des bases variables d'une possession à une autre, et souvent étrangères aux principes qui sont en France, de l'essence même de la constitution des tribunaux. Il faut pourtant, dans cette seconde catégorie, faire une place à part aux colonies qui, comme la Guyane, l'Inde française, le Sénégal, l'Indo-Chine, la Nouvelle-Calédonie et Madagascar, possèdent une Cour d'appel.

SECTION II

Organisation judiciaire des Antilles et de la Réunion

§ 1ᵉʳ. — Antilles.

La Révolution avait fait disparaître, sans les remplacer, les juridictions stables de l'ancien régime. L'avénement du pouvoir personnel, qui coïncida avec le commencement du siècle, fut le signal du rétablissement des juridictions antérieures à 1789 (arrêté consulaire du 29 prairial an X). Mais les institutions restaurées prirent des noms nouveaux ; les sénéchaussées et amirautés devenaient les tribunaux de première instance, le Conseil souverain fut d'abord tribunal, puis Cour d'appel. Bientôt, une loi du 28 germinal an XI déférait, en raison de la situation troublée des colonies, au tribunal criminel du département de la Seine, les crimes commis dans nos possessions d'outre-mer contre la sûreté générale, contre le gouvernement, ses délégués ou leurs actes.

A la chute de l'empire, les gouverneurs avaient spontanément rétabli aux Antilles l'organisation judiciaire antérieure à la Révolution ; mais ce retour en arrière fut de courte durée, et dès 1819, une ordonnance réinstallait le système impérial. Celui-ci dura ainsi jusqu'en 1827 et 1828, époque où fut établi le régime existant encore aujourd'hui dans ses grandes lignes. Chaque tribunal comprenait un juge royal, un lieutenant de juge, deux juges auditeurs, un procureur, un substitut, un greffier et un commis greffier. C'est un décret du 16 août 1854, qui a établi le système du jugement par plusieurs juges. Ajoutons que le jury a été institué aux Antilles par une loi du 27 juillet 1880, et qu'une autre loi, en date du 15 avril 1890, qui est le texte aujourd'hui en vigueur, a repris et condensé les principes posés par l'ordonnance du 24 septembre 1828, le décret du 16 août 1854, et celui du 22 avril 1886. Il avait été question, peu de temps avant la loi de 1890, de revenir au système du juge unique; dans le Rapport dont il a déjà été parlé (*Journal officiel* du 23 juillet 1899) la Commission chargée de l'examen des budgets locaux vient d'insister de nouveau, en vue du retour à cette organisation, et demande « dans toutes les colonies, la substitution de tribunaux de première instance à juges uniques, aux tribunaux composés de trois juges. » Elle constate que « ni lors de l'expérience antérieure à 1854, ni actuellement, dans les colonies où le principe du juge unique est appliqué, cette organisation ne paraît avoir donné lieu à des plaintes sérieuses. Les jugements rendus le sont aussi rapidement que devant les tribunaux à trois magistrats, avec un égal souci des intérêts en cause et avec une égale science juridique. Il est même vraisemblable que le sentiment des responsabilités se développe plus rapidement chez le juge livré à ses seules lumières. »

Les cours et tribunaux des Antilles comprennent :

A la Martinique, une Cour d'appel siégeant à Fort-de-France (un président, sept conseillers au moins, un greffier et des commis-greffiers, un procureur général chef du service judiciaire avec un ou deux substituts); deux tribunaux de première instance siégeant respectivement à Fort-de-France et à Saint-Pierre, et comportant chacun un président, deux juges au moins, un procureur de la République, un greffier, un commis-greffier, et facultativement deux juges suppléants rétribués; enfin neuf justices de paix à compétence ordinaire. Les décisions rendues en dernier ressort par les juges de paix des Antilles et de la plupart des autres colonies ne sont pas susceptibles d'un recours en cassation, mais d'un recours spécial en annulation devant la Cour d'appel.

En matière pénale, les contraventions relèvent des justices de paix, les délits des tribunaux, et les crimes d'une Cour d'assises unique pour la Martinique, et siégeant à Saint-Pierre.

La juridiction commerciale est dévolue aux tribunaux de première instance.

La Guadeloupe jouit d'une organisation parallèle à celle de la Martinique, mais possède deux Cours d'assises depuis la loi du 12 avril 1892. Les dépendances, c'est-à-dire Marie-Galante, Saint-Martin et Saint-Barthélemy, représentent respectivement le ressort de trois justices de paix à compétence étendue; c'est à Marie-Galante qu'a été tenté, en 1873, le premier essai de cette sorte de juridiction. On a postérieurement rétabli à Marie-Galante et à Saint-Barthélemy des tribunaux de première instance, mais les causes qui avaient rendu leur suppression nécessaire subsistaient, et l'on est revenu, en 1884, à la justice de paix à compétence étendue. Trop peu considérables pour être dotées d'un tribunal de première instance, mais trop importantes et surtout trop éloignées du siège des tribunaux de l'île principale, pour n'avoir qu'une justice de paix, les trois dépendances de la Guadeloupe ont révélé l'utilité d'une institution intermédiaire dont les avantages ont pu être appliqués à d'autres établissements.

§ 2. — Réunion.

La Révolution avait substitué aux juridictions antérieurement existantes dans l'île de Bourbon un tribunal de première instance et un tribunal d'appel dont les juges étaient élus; elle avait, en outre, institué le jury. Cette organisation fut modifiée en 1798 par la création de deux tribunaux de première instance à un seul juge, avec un tribunal d'appel de sept membres, dont cinq formaient un tribunal criminel, fonctionnant avec un jury d'accusation et un jury de jugement. Le Consulat créa une organisation nouvelle, qui dura jusqu'en 1816, et comportait un tribunal d'appel et un seul tribunal de première instance. Un régime identique à celui des Antilles fut établi en 1816 et le tribunal spécial composé de trois magistrats, de trois officiers et de trois citoyens, qui, depuis l'an XII, jugeait les infractions des esclaves, disparut en 1817.

Les ordonnances de 1827 instituaient une Cour royale, deux Cours d'assises et un tribunal de première instance; un second tribunal fut créé en 1831. Depuis lors, l'organisation judiciaire de la Réunion a subi les mêmes vicissitudes que celle des Antilles (Décrets des 16 août 1854, 22 avril 1886; lois des 27 juillet 1880 et 15 avril 1890). La Réunion possède aujourd'hui un procureur général chef du service judiciaire, une Cour d'appel à Saint-Denis, deux tribunaux de première instance à Saint-Denis et à Saint-Pierre, neuf justices de paix. La justice criminelle fonctionne dans les mêmes conditions qu'aux Antilles. Deux cours d'assises siègent trimestriellement, la première à Saint-Denis et la seconde à Saint-Pierre.

SECTION III

Organisation judiciaire des colonies autres que les Antilles et la Réunion

§ 1er. — Colonies possédant une Cour d'appel.

Guyane. — Le Consulat avait donné à la Guyane un tribunal de première instance et une Cour d'appel, qui subsistèrent sous l'occupation portugaise. La Restauration institua, pour juger les esclaves, une Cour prévôtale qui dura jusqu'en 1825. En 1828, furent créés à Cayenne une justice de paix, un tribunal de première instance et une Cour royale, à laquelle étaient déférées directement les causes correctionnelles. Le nombre des justices de paix fut plus tard augmenté, et après avoir été d'abord confiées aux commandants des quartiers, celles-ci reçurent des titulaires spéciaux (Décret du 21 juin 1880).

La justice criminelle a été administrée par une Cour d'assises qui, de 1828 à 1854, se composait de magistrats et d'assesseurs jugeant ensemble au même titre; depuis, les assesseurs furent remplacés par un jury proprement dit. Ajoutons qu'un décret du 3 octobre 1880 donna au tribunal de première instance la connaissance des causes correctionnelles, et que la Cour d'appel fut supprimée en 1885 et remplacée par un tribunal supérieur, à côté duquel fonctionnait un tribunal criminel établi sur le principe de l'assessorat.

Un décret du 16 décembre 1896 a complètement refondu l'organisation judiciaire de la Guyane. La colonie est divisée en deux arrondissements judiciaires, celui de Cayenne et celui du Maroni. Chacun de ces arrondissements comporte une justice de paix et un tribunal de première instance; les justices de paix sont pourvues de suppléants dans les principales localités de leur ressort; elles ont pour greffiers les secrétaires de mairie; pour ministère public le commissaire de police ou le commandant de la brigade de gendarmerie. La justice de paix du Maroni n'est pas pourvue d'un titulaire spécial, elle est confiée au juge président du tribunal du même siège. Les règles de la compétence de ces différentes juridictions sont dans l'ensemble les mêmes que celles de la métropole.

A Cayenne siège une cour d'appel, dont le ressort comprend toute la colonie. Auprès d'elle fonctionne une chambre des mises en accusation composée de magistrats pris dans la cour et dans le tribunal. La justice criminelle est administrée par une cour d'assises composée de trois magistrats, et de quatre assesseurs, qui délibèrent en commun sur les questions de fait, les magistrats statuant seuls sur la compétence, l'application de la peine, les incidents de droit et les dommages intérêts.

Inde. — Jusqu'en 1827, les établissements français de l'Inde conservèrent l'organisation judiciaire existant à la fin de l'ancien régime. Le commandant de chaque établissement jugeait, à charge d'appel au conseil supérieur composé du gouverneur, de fonctionnaires et de magistrats. Les Indiens relevaient du tribunal spécial de la Chaudrie, qui fut supprimé en 1827, par les ordonnances instituant pour l'ensemble des établissements une cour d'appel, deux tribunaux de première instance, et deux justices de paix.

Cette organisation fut modifiée en 1842 : trois tribunaux, et trois justices de paix à Pondichéry, Chandernagor et Karikal, les chefs de chaque comptoir faisant fonctions de juges royaux à Mahé et à Yanaon, une cour royale fonctionnant également comme cour d'assises avec le concours de deux notables, telles sont les juridictions qui existèrent jusqu'en 1873. Depuis lors, et jusqu'en 1895, plusieurs décrets ont successivement élaboré l'organisation actuelle qui comporte :

Une cour d'appel à Pondichéry joignant à ses attributions normales la connaissance des recours en annulation, contre les décisions des tribunaux de paix. Trois tribunaux de première instance à Pondichéry, Karikal et Chandernagor. Aux mêmes sièges, trois justices de paix à compétence ordinaire.

A Mahé et à Yanaon, deux justices de paix à compétence étendue.

Dans chaque établissement, une cour criminelle.

A Pondichéry fonctionne une chambre des mises en accusation, et c'est à la cour criminelle de ce siège que sont déférés tous les Européens.

Sénégal et Soudan. — A l'origine les tribunaux du Sénégal furent organisés au moyen des fonctionnaires de la colonie. L'ordonnance du 7 janvier 1822 établissait à Gorée un tribunal composé du commandant particulier, du principal employé de la marine et d'un notable; à Saint-Louis, un autre tribunal composé d'un juge, de deux notables européens et de deux notables indigènes. C'est un cas isolé et remarquable de jugement des Européens par les indigènes. Le système de l'ordonnance de 1822 était complété par un conseil d'appel siégeant à Saint-Louis, et composé du commandant de la colonie, de quatre fonctionnaires et de deux notables ; ce conseil jugeait aussi les causes criminelles. En 1840, le gouverneur et les fonctionnaires avaient été remplacés par des magistrats ; depuis 1837, il existait à Gorée et à Saint-Louis des tribunaux de première instance. La cour fut constituée en 1844, avec un président, un conseiller, l'officier de l'état civil de Saint-Louis et deux notables, et composée exclusivement de magistrats, à partir de 1847. La cour d'assises comprenait, dans le système de 1844, les trois premiers membres de la cour d'appel, avec le chef du service de santé et trois assesseurs. Dans l'intérieur de la colonie, la justice de simple police était rendue par les commandants de cercles.

Le décret du 9 août 1854 est le point de départ de l'organisation actuelle. Les textes en vigueur sont les décrets des 15 mai 1889, 31 janvier 1891 et 11 août 1899. Ils prévoient deux ordres de juridictions : les juridictions françaises et les juridictions musulmanes.

La cour, à Saint-Louis, comprend un président, quatre conseillers, un conseiller-auditeur, un greffier, un commis-greffier, un procureur général, chef du service judiciaire et un substitut du procureur général. Elle connaît, en outre des affaires de la compétence ordinaire des cours d'appel, des recours en annulation contre les décisions des justices de paix. Il est institué auprès de la Cour une Chambre des mises en accusation.

Deux tribunaux de première instance sont établis à Saint-Louis et à Dakar. Ils comportent chacun un juge président, un lieutenant de juge, un juge suppléant et un procureur de la République; au point de vue pénal, ils connaissent des contraventions aussi bien que des délits.

Les fonctions des juges de paix sont réparties entre les tribunaux de première instance, les maires de Saint-Louis et de Dakar, qui jouent le rôle de juges conciliateurs, et les administrateurs. Ceux-ci, en dehors des arrondissements de Saint-Louis et de Dakar, sont juges d'instruction et jugent disciplinairement les infractions des indigènes aux arrêtés du gouverneur. Il existait, jusqu'au décret précité de 1889, en divers centres, des tribunaux conciliateurs pour le commerce de traite, composés de l'administrateur et d'assesseurs, et un tribunal spécial de police à Sedhiou, composé de l'administrateur et d'un greffier.

Le grand criminel est jugé par la Cour d'assises de Saint-Louis, qui comprend le président de la Cour d'appel, deux conseillers et quatre assesseurs tirés au sort sur une liste de fonctionnaires, d'anciens fonctionnaires et de notables commerçants.

La juridiction musulmane est double en première instance; elle s'applique aux questions d'état-civil, de successions et de donations. Les parties ont le choix (c'est le maire qui statue en cas de conflit entre elles) entre le tribunal de première instance augmenté pour la circonstance d'un assesseur musulman, et qui juge selon la loi française et le tribunal du Cadi; celui-ci est assisté d'un assesseur et d'un greffier nommés par le gouverneur, et juge selon la loi musulmane. Les appels sont portés devant un Conseil spécial où siègent le gouverneur, un conseiller de la Cour d'appel, le chef des affaires indigènes et le chef de la religion musulmane.

Le Soudan possède une justice de paix à compétence étendue ayant son siège à Kayes et confiée au commandant du Cercle. Sa compétence s'étend en dernier ressort jusqu'à mille francs en capital, pour les actions personnelles mobilières, et soixante francs de revenu pour les actions immobilières. Toutes les autres causes sont susceptibles d'appel devant la Cour de Saint-Louis. En matière pénale, la justice de paix de Kayes statue en dernier ressort pour toutes les infractions punies de deux mois d'emprisonnement au plus, à charge d'appel pour toutes les autres. Le juge de paix joue le rôle de juge d'instruction, pour les crimes qui sont portés devant la Cour d'assises de Saint-Louis.

Indo-Chine. — Dès l'occupation, la Cochinchine fut dotée d'un tribunal supérieur devenu Cour d'appel en 1868 et d'un tribunal de première instance, établis tous les deux à Saïgon. Le tribunal de première instance connaissait des délits commis dans son ressort; un tribunal composé des deux juges du tribunal de première instance, d'un membre du conseil de guerre et de deux notables jugeait les crimes sans recours en cassation. Il existait un conseil spécial auquel pouvaient être déférées les infractions d'ordre politique et les faits insurrectionnels. Les contestations civiles et commerciales entre indigènes étaient jugées par les tribunaux annamites selon la loi annamite; les indigènes avaient d'ailleurs la faculté de se soumettre à la loi française. La loi et les tribunaux annamites subsistaient également pour les crimes et délits des indigènes, sauf dans le ressort des tribunaux français et lorsqu'un Européen était poursuivi comme complice. En dehors du ressort du tribunal de Saïgon, les délits et contraventions des Européens étaient jugés par l'inspecteur des affaires indigènes.

En 1865, les administrateurs jugeant, sauf appel au gouverneur, furent substitués aux tribunaux annamites. Quant à la justice française, elle fut, par plusieurs décrets de 1881, organisée dans les provinces sur le même pied qu'à Saïgon; Pnom-Pen eut également un tribunal.

Lorsque la domination française s'étendit sur l'Annam et le Tonkin, les juridictions de l'Indo-Chine reçurent une organisation d'ensemble, mais la séparation entre la Cochinchine et le Cambodge d'une part, l'Annam et le Tonkin de l'autre, subsista jusqu'au moment où le décret du 8 août 1898 vint donner au service judiciaire l'unité de direction et de fonctionnement jugée indispensable pour tous les grands services de l'Indo-Chine.

Une Cour d'appel étend sa juridiction sur tout le territoire des colonies et pays de protectorat de l'Indo-Chine française; elle comprend trois chambres, dont deux siégeant à Saïgon, une à Hanoï.

Réunies en audience solennelle, les deux chambres de Saïgon jugent les recours en annulation contre les décisions des tribunaux de paix et de première instance, en matière indigène (Décrets des 17 mai 1895 et 16 octobre 1896).

C'est à Saïgon que sont portés, devant la cour, les appels des jugements rendus par les tribunaux consulaires de la Chine, du Japon et du Siam, et jugés les crimes commis par des sujets français dans ces pays (Loi du 28 avril 1869). La cour criminelle est composée de magistrats et de quatre assesseurs (Décret du 25 décembre 1896).

La chambre des mises en accusation de la cour d'appel de l'Indo-Chine siège à Saïgon.

La chambre d'Hanoï connaît des appels des jugements rendus par les tribunaux d'Hanoï et d'Haïphong, par les administrateurs chefs de province au Tonkin, et par les tribunaux résidentiels de l'Annam; des crimes commis dans les circonscriptions établies pour les tribunaux de première instance du Tonkin, et en Annam, par les justiciables des tribunaux français. Lorsqu'elle fonctionne comme cour criminelle, il lui est adjoint quatre assesseurs.

En Cochinchine et au Cambodge, les tribunaux de première instance sont au nombre de dix, dont un à Pnom-Peuh, qui avec les tribunaux de résidences, et les tribunaux provinciaux pour la juridiction pénale, constituent les cadres de la justice européenne au Cambodge. La justice indigène est rendue par les tribunaux cambodgiens.

La Cochinchine possède en outre quatre justices de paix à compétence étendue, et une justice de paix à Saïgon.

Au Tonkin, deux tribunaux de première instance à Hanoï et à Haïphong jugent les affaires civiles, en dernier ressort jusqu'à 1.500 francs de capital, et 100 francs de revenu. En dehors des provinces d'Hanoï et d'Haïphong, les affaires de moins de 150 francs en capital sont portées en premier ressort devant les tribunaux de résidence ; ceux-ci jugent, si les parties y consentent, jusqu'à 1.500 francs de capital. En Annam, les tribunaux de résidence ont la même compétence que les tribunaux d'Hanoï et d'Haïphong pour le Tonkin.

Les contraventions et les délits sont, suivant la nationalité et le territoire, portés devant le tribunal de première instance ou devant le résident.

Nous trouvons au Tonkin, comme dans quelques autres colonies, un conseil spécial auquel peuvent être déférés les crimes ou délits contre la sûreté de la colonie ou le développement de la colonisation.

La justice est rendue au Laos par les autorités locales, sauf appel à un tribunal mixte ; un tribunal spécial administre la justice criminelle.

Nouvelle-Calédonie. — L'organisation première de la Nouvelle-Calédonie fut calquée sur celle qui venait d'être donnée à la Cochinchine. Elle dura ainsi jusqu'en 1879 ; le nombre des magistrats des deux tribunaux de Nouméa fut alors augmenté ; le tribunal criminel fut composé de trois juges du tribunal supérieur et de quatre notables ; les affaires de simple police étaient déférées au tribunal de première instance.

La création des justices de paix remonte à 1882. Après des remaniements successifs, la Nouvelle-Calédonie possède aujourd'hui une cour d'appel, un tribunal de première instance, un tribunal de commerce, deux justices de paix à compétence étendue (jugeant en dernier ressort jusqu'à 500 francs et en premier ressort jusqu'à 1000 francs), une justice de paix ordinaire. La cour d'appel juge les recours en annulation contre les jugements de simple police.

La cour criminelle est constituée par la cour d'appel augmentée de quatre assesseurs.

Le chef du service des affaires indigènes, les administrateurs des arrondissements et le résident des îles Loyalty ont reçu, par décret du 8 juillet 1887, et pour dix ans, sauf renouvellement, la juridiction disciplinaire sur les indigènes pour les infractions aux arrêtés du gouverneur ; l'appel est porté devant le conseil privé.

Madagascar. — L'organisation judiciaire de Madagascar fait l'objet des décrets des 28 décembre 1895, 9 juin 1896, 30 octobre et 24 novembre 1898, et de différents arrêtés du gouverneur-général. Elle comporte une cour d'appel à Tananarive et Tamatave ; quatre justices de paix à compétence étendue à Majunga, Fianarantsoa, Diégo-Suarez et Nossi-Bé.

Les administrateurs peuvent être chargés par arrêté du gouverneur des fonctions de juge de paix. Les limites du ressort sont, pour les justices de paix, de 3000 francs en capital pour les actions personnelles et mobilières, 150 francs en revenu pour les actions immobilières ; 1.500 francs et 100 francs pour les tribunaux de résidences. Des cours criminelles sont établies à Tananarive, Tamatave, Majunga, Fianarantsoa et Diégo-Suarez. Elles comprennent des magistrats et des assesseurs. En dehors de ces centres, le gouverneur-général peut instituer des cours criminelles spéciales, compétentes seulement pour les crimes commis par les indigènes contre les Européens ou assimilés.

L'article 27 du décret du 9 juin 1896 disposait que les décisions des tribunaux français à Madagascar ne seraient susceptibles de pourvoi en cassation que dans l'intérêt de la loi ; le décret du 12 février 1897 spécifie que cette limitation ne s'applique qu'aux décisions rendues en matière pénale, et que le pourvoi en cassation est possible, en tous cas, en matière civile.

La justice indigène maintenue dès la prise de possession, et d'abord réglementée par des arrêtés locaux, a été définitivement organisée par le décret du 24 novembre 1898. Elle comprend des tribunaux du 1er degré, dans chaque subdivision de province ou de cercle, de district ou de secteur, et des tribunaux du 2e degré, au chef-lieu de chaque province ou cercle, présidés par l'officier ou le fonctionnaire chef de la division territoriale intéressée. Chaque tribunal compte deux assesseurs indigènes parlant le français, et n'ayant que voix consultative : leur rôle consiste principalement à mettre le fonctionnaire président au courant des coutumes indigènes.

La Cour d'appel de Tananarive, lorsqu'elle statue en matière indigène, s'adjoint également deux assesseurs indigènes avec voix consultative.

Les tribunaux du 1er degré jugent en premier et dernier ressort jusqu'à 100 francs de capital en matière mobilière et 7 francs de revenu en matière immobilière, et à charge d'appel au tribunal du 2e degré jusqu'à 1,500 francs de capital en matière mobilière et 100 francs de revenu en matière immobilière. Les tribunaux du 2e degré jugent en premier et dernier ressort entre 1,500 francs et 3,000 francs de capital en matière mobilière, et entre 100 et 150 francs de revenu en matière immobilière. Au delà, ils jugent à charge d'appel devant la Cour de Tananarive. En matière pénale, les tribunaux indigènes connaissent des infractions prévues par les textes en vigueur dans la Colonie et les coutumes locales, lorsque les délinquants ou les victimes sont des indigènes. Les tribunaux du 1er degré jugent en premier et dernier ressort, les contraventions ; à charge d'appel, les délits dont la peine n'excède pas trois mois de prison ou 150 francs d'amende. Les tribunaux du 2ᵉ degré jugent en premier et dernier ressort, jusqu'à 300 francs d'amende et six mois de prison; à charge d'appel, au delà de cette limite.

Le recours en annulation est ouvert contre les jugements en dernier ressort des tribunaux des 1ᵉʳ et 2ᵉ degrés, pour incompétence, excès de pouvoir, violation de la loi et des coutumes.

Contrairement à ce que nous avons vu pour les tribunaux français, le recours en cassation n'existe pas pour les tribunaux indigènes.

L'organisation de Mayotte et des Comores comporte aujourd'hui, à Mayotte, un tribunal dont les appels sont portés devant la Cour de la Réunion (celle-ci juge en premier ressort en matière criminelle). Un Conseil de justice spécial connaît des faits de rébellion et des attentats à la sûreté de la Colonie.

La question s'est posée de savoir si les Comores sont soumises à la juridiction française; elle a été tranchée dans le sens de l'affirmative par la Cour de cassation, le 27 octobre 1893, en ce qui concerne Anjouan. La même solution semble devoir être adoptée pour Mohéli et la Grande-Comore.

§ 2. — Colonies n'ayant pas de Cour d'appel.

Etablissements français de l'Océanie. — Une ordonnance du 28 avril 1843 avait établi aux îles Marquises deux tribunaux de première instance et un Conseil d'appel composés de fonctionnaires. En matière pénale, les Conseils de guerre jugeaient les Européens et les indigènes lorsqu'il s'agissait d'infractions dirigées contre des Européens. Dans les autres cas, les indigènes étaient jugés suivant les usages locaux. Cette organisation fut supprimée en 1882.

A Tahiti, la justice indigène exista seule jusqu'au 14 décembre 1865, date à laquelle une ordonnance de la reine

Pomaré attribua aux tribunaux français la connaissance des infractions et des affaires civiles autres que celles concernant la propriété des terres. Pour organiser, dans ces conditions, le fonctionnement de la justice, le commissaire du gouvernement créa par arrêté des juridictions françaises avec des officiers, des fonctionnaires et des notables; mais en 1869, la Cour de cassation jugea que ces tribunaux n'avaient aucune existence légale. Un décret du 18 août 1868 les avait, d'ailleurs, déjà remplacés par deux justices de paix, un tribunal de première instance, un tribunal supérieur et un tribunal criminel. Les infractions politiques pouvaient, sur l'ordre du gouverneur, être déférées au Conseil de guerre.

Actuellement, l'organisation judiciaire de nos établissements de l'Océanie comprend : un tribunal supérieur, un tribunal de première instance, six justices de paix à compétence étendue (soumises au recours en annulation), et un tribunal criminel avec des assesseurs. Les juges de paix à compétence étendue des îles Gambier, Tuamotu et Marquises, et celui des Iles-sous-le-Vent (Décrets des 9 juillet 1890 et 17 septembre 1897), peuvent tenir des audiences foraines dans les différentes îles de leur archipel.

Les juridictions indigènes ont disparu depuis la mort de Pomaré V, et notamment la Cour de cassation tahitienne, qui se composait du gouverneur et du roi.

Saint-Pierre et Miquelon. — Jusqu'en 1826, ces deux îles n'eurent qu'un juge unique; à cette époque fut créé un Conseil de justice composé du commandant de la Colonie, assisté de deux notables, avec un officier du commissariat comme ministère public. C'est de 1833 que date le système actuellement en vigueur et qui comporte :

1° Deux tribunaux de paix, confiés à Saint-Pierre au juge de première instance, ou au notaire, à Miquelon, à un agent du commissariat;

2° Un tribunal de première instance ;

3° Un Conseil d'appel, composé à l'origine du commandant, du chirurgien et du capitaine de port, formé aujourd'hui d'un magistrat président et de deux officiers du commissariat. Ce Conseil connaissait, avant le décret du 21 mai 1896, des matières correctionnelles, portées aujourd'hui, à charge d'appel, devant le tribunal de première instance. Il s'adjoint quatre assesseurs pour juger les causes criminelles.

Guinée française. — Un décret du 11 mai 1892 a créé à Konakry une justice de paix à compétence étendue jugeant, en dernier ressort, jusqu'à 1.500 francs de capital pour les actions personnelles mobilières, et 100 francs de revenu pour les actions immobilières. Le recours en cassation est remplacé par le recours en annulation devant le Conseil d'appel établi à Konakry (le gouverneur, deux officiers ou fonctionnaires, le commissaire de police faisant fonction de ministère public), et qui juge outre les appels civils, les causes criminelles, en s'adjoignant deux assesseurs. Un décret du 12 avril 1896 a tranché affirmativement la question de savoir si les décisions du Conseil d'appel de Konakry sont susceptibles d'un recours en cassation.

Côte d'Ivoire. — La première organisation judiciaire de la Côte d'Ivoire remonte au décret du 11 septembre 1869, qui instituait à Grand-Bassam un tribunal d'arrondissement et un tribunal supérieur jugeant les appels en matière correctionnelle et de simple police (les appels civils étaient portés directement à la Cour de Saint-Louis), et, avec le concours de deux assesseurs, les causes criminelles. Ce régime fut modifié par la suppression des tribunaux supérieurs, dont les attributions furent transférées à la Cour de Saint-Louis.

En 1892, Grand Bassam reçut une justice de paix à compétence étendue dépendant, d'abord, du Conseil d'appel de Konakry, et, depuis 1896, d'un Conseil installé dans la Colonie.

Les administrateurs, résidents et chefs de poste sont officiers de police judiciaire.

Dahomey. — Le Dahomey possède, à Porto-Novo et à Ouida, des justices de paix à compétence étendue fonctionnant dans les mêmes conditions que celles de la Guinée et de la Côte d'Ivoire. Un Conseil d'appel, dont les décisions peuvent être déférées à la Cour de cassation, juge, outre les appels, les pourvois en annulation (décret du 26 juillet 1894).

Les tribunaux indigènes subsistent au civil, pour les litiges entre indigènes, et, au correctionnel et en matière de simple police, pour les délits ou infractions que les indigènes peuvent commettre à l'égard les uns des autres.

Congo français. — Un tribunal de première instance relevant de la Cour d'appel de Saint-Louis, siégeait à Libreville depuis 1869. Il a été supprimé par les décrets des 28 septembre 1897 et 9 avril 1898 qui ont donné au Congo français une organisation judiciaire indépendante de la Cour d'appel du Sénégal, comme celle des autres colonies de la Côte occidentale d'Afrique, organisation qui a été complétée par le décret du 23 novembre 1899.

Une justice de paix à compétence étendue siège à Libreville et à Brazzaville elle connaît en premier et dernier ressort des actions personnelles et mobilières au-dessous de 1.500 francs et des demandes immobilières jusqu'à 100 francs de rente, et de toutes les contraventions déférées par les lois et règlements aux tribunaux de simple police, lorsque la peine consiste en une amende, ou n'excède pas deux mois d'emprisonnement. Les fonctions de juge de paix, de greffier, et d'huissier sont remplies par des fonctionnaires officiers ou agents désignés par le commissaire général du gouvernement au Congo français, et exceptionnellement à Brazzaville par un magistrat nommé par décret.

Les administrateurs de Lambaréné (Ogowé), Loango, Franceville exercent les fonctions de juges de paix (décret du 8 novembre 1889). L'appel des jugements rendus par eux, ou par le tribunal de paix de Libreville est porté devant un Conseil d'appel siégeant au chef-lieu, et composé, du magistrat chef du service judiciaire du Congo français président, et de deux assesseurs désignés parmi les fonctionnaires ou officiers en activité dans la colonie. Lorsque ce conseil est constitué en tribunal criminel, pour connaître des crimes dans lesquels sont impliqués comme accusés des Européens ou assimilés il s'adjoint deux assesseurs supplémentaires.

Côte française des Somalis. — Le service de la justice sur la Côte française des Somalis comporte :

1° Le maintien des juridictions indigènes ;

2° Pour les Européens et assimilés, une justice de paix à compétence étendue à Djibouti, administrée par un délégué du gouverneur, et connaissant des contraventions et délits. Un conseil d'appel (le gouverneur, avec deux assesseurs), juge aussi au criminel ; ses décisions sont susceptibles de pourvoi, dans l'intérêt de la loi, devant la Cour de cassation.

SECTION IV

JURIDICTIONS ADMINISTRATIVES, MILITAIRES, MARITIMES ET COMMERCIALES.

Tribunaux administratifs. — Avant 1789, le contentieux administratif des colonies était porté devant une commission prise dans le conseil du roi. Sous l'empire, le pouvoir central refusa de créer, aux colonies, des tribunaux administratifs ; les litiges étaient soumis au ministre.

Ce sont les ordonnances fondamentales de la Restauration qui attribuèrent au Conseil privé le jugement des affaires contentieuses. L'organisation actuelle, faisant l'objet des décrets des 5 août et 7 septembre 1881, a été étendue au Congo (décret du 11 décembre 1888), à la Guinée française (décret du 17 septembre 1891), au Soudan (décrets des 27 février 1893 et 15 septembre 1895), au Dahomey (décret du 22 juin 1894), à la Côte d'Ivoire (décret du 26 janvier 1895), à Madagascar (décret du 6 mars 1897).

Le Conseil du contentieux est constitué au moyen de l'adjonction au Conseil privé de deux magistrats ou à défaut de deux fonctionnaires désignés par le gouverneur au commencement de chaque année. Un officier du commissariat ou un fonctionnaire désigné par le gouverneur remplit les fonctions de commissaire du gouvernement.

Dans les colonies qui n'ont pas de conseil privé, celui-ci est remplacé par le conseil d'administration. En Annam et au Tonkin, c'est le conseil du protectorat qui connaît du contentieux administratif (décret du 21 septembre 1894).

Il n'est pas sans intérêt, au point de vue historique, de signaler que le conseil privé de la Réunion a hérité, en 1825, des attributions du tribunal terrier, qui était composé du gouverneur de la colonie et de quatre membres du conseil supérieur et jugeait les contestations relatives aux concessions de terrains.

Tribunaux militaires et maritimes. — La justice militaire a fonctionné, en fait, aux colonies, sans réglementation spéciale, jusqu'au milieu du siècle. Elle a été organisée en 1858, aux Antilles et à la Réunion et plus tard dans nos autres possessions.

En dernier lieu, les juridictions militaires des colonies ont été remaniées par un décret du 19 octobre 1889. Les Conseils de guerre sont composés de cinq juges, y compris le président ; ils ne peuvent juger que les officiers d'un grade inférieur à celui de colonel.

Huit conseils de révision permanents siègent aux colonies. Les attributions exercées, dans la métropole, par le ministre de la Marine et le préfet maritime, appartiennent au gouverneur.

A Saïgon, où un arsenal en justifiait la nécessité, existent deux tribunaux maritimes ordinaires, et un tribunal de révision permanent (décret du 31 mars 1874), fonctionnant dans les conditions prévues pour les arsenaux maritimes, en France.

L'article 10 de la loi du 30 mai 1854, sur l'exécution de la peine des travaux forcés, avait décidé, qu'un tribunal maritime spécial serait chargé, dans les colonies affectées à la transportation, de la répression des crimes et délits commis par les condamnés. C'est un décret du 4 octobre 1889, modifié par un décret du 24 avril 1897, qui a organisé ces tribunaux remplacés, jusqu'alors, par les Conseils de guerre.

Enfin, des tribunaux maritimes commerciaux peuvent être constitués aux colonies, en exécution du décret-loi disciplinaire et pénal, pour la marine marchande, du 24 mars 1852 ; ils ont fréquemment l'occasion de fonctionner à Saint-Pierre et Miquelon.

Tribunaux de commerce. — Dans le plus grand nombre des colonies, ce sont les tribunaux ordinaires (tribunaux de première instance ou justices de paix à compétence étendue), qui connaissent des affaires commerciales. Cependant, le développement des transactions a rendu nécessaire l'installation de tribunaux de commerce en Cochinchine (décret du 25 juillet 1864), en Nouvelle-Calédonie (décret du 28 novembre 1866), à Tahiti (décret du 14 décembre 1865) et à Saint-Pierre et Miquelon (décret du 24 février 1881).

Mais l'expérience a démontré que ces juridictions ne pouvaient être entièrement organisées d'après les règles en vigueur dans la métropole. Un décret du 9 mai 1892 a supprimé le tribunal de commerce de Saint-Pierre et Miquelon, où les affaires commerciales sont actuellement portées devant le tribunal de première instance. A Papeete (décret du 1ᵉʳ juillet 1880), et à Nouméa (décret du 28 février 1882), un magistrat a été introduit dans la composition du tribunal de commerce. A Saïgon, où le tribunal avait été temporairement supprimé (arrêté du 9 janvier 1879), par suite de la difficulté de le recruter, un décret du 9 août 1898 a constitué un tribunal de commerce mixte, composé de deux juges consulaires, sous la présidence d'un magistrat. Les deux principales villes du Tonkin, Hanoï et Haïphong ont été, peu après, pourvues d'institutions semblables (décret du 21 décembre 1898).

SECTION V

Officiers ministériels et publics. — Barreau. Assistance judiciaire

L'organisation du notariat aux colonies a pour type celle qui a été donnée aux Antilles par un décret du 14 juin 1864, remplaçant le régime, jusque-là en vigueur des arrêtés locaux. Cet acte institue des notaires propriétaires de leurs charges, soumis à la surveillance disciplinaire du procureur général, qui prononce le rappel à l'ordre et la censure, avec ou sans réprimande ; la suspension décidée par le gouverneur en Conseil privé, après avis du tribunal, et sauf recours au ministre des Colonies, est prononcée par décret. Une des particularités du fonctionnement du notariat aux colonies est l'existence, en France, d'un dépôt de copies figurées de toutes les minutes des notaires ; ce dépôt existe depuis 1776.

Le notariat a été établi à la Réunion (décret du 26 juin 1879), en Cochinchine (décret du 22 septembre 1870, arrêté du 7 juin), en Nouvelle-Calédonie (décret du 6 janvier 1873), et à Saint-

Pierre et Miquelon (décret du 30 juillet 1879) ; dans ces deux dernières colonies, les charges des notaires ne sont pas vénales.

A la Guyane, en dehors de Cayenne, où il existe trois notaires, les fonctions sont exercées par les secrétaires de mairie, greffiers des justices de paix. Au Sénégal, le notariat n'est obligatoirement distinct des greffes des tribunaux, qu'à Saint-Louis.

Au Soudan, à la Guinée, à la Côte d'Ivoire, au Dahomey, au Congo, à la Côte des Somalis, à Mayotte et dans ses dépendances, les fonctions notariales appartiennent, selon les localités, aux greffiers, aux administrateurs ou aux chefs de postes.

A Madagascar, les fonctions sont exercées par les greffiers de la cour et des tribunaux, et, en dehors du ressort de ceux-ci, par des fonctionnaires ou officiers désignés par le gouverneur général.

Dans l'Inde, à côté d'un notaire européen, on trouve des tabellions pour les indigènes ; en Indo-Chine, le ministère est réparti entre les greffiers et le personnel des services civils.

En Nouvelle-Calédonie, hors du chef-lieu, les greffiers des justices de paix à compétence étendue remplissent les fonctions de notaire, et celles-ci sont confiées, à Tahiti, à des officiers publics désignés par le Ministre.

Il n'existe de corporation d'avoués régulièrement organisée qu'aux Antilles, à la Guyane et à la Réunion (ordonnances des 30 septembre 1827, 24 septembre et 21 décembre 1828). Ces colonies sont aussi les seules où les huissiers aient le caractère de véritables officiers ministériels ; partout ailleurs, leurs fonctions sont remplies par des agents désignés par le gouverneur, et appartenant ou non à l'administration.

Aux Antilles, au Sénégal et en Nouvelle-Calédonie, les ventes publiques de marchandises et effets mobiliers sont réglementées par les décrets des 16 septembre 1876, 11 janvier 1881, et 28 juin 1883 ; ce sont des commissaires-priseurs qui y procèdent avec des honoraires déterminés, et sous l'obligation de verser un cautionnement, de tenir divers registres et d'observer certaines règles de discipline. Dans les autres colonies, c'est la réglementation locale qui prévoit les conditions dans lesquelles ces ventes sont effectuées.

Depuis l'ordonnance du 15 février 1831, la profession d'avocat peut être librement exercée, aux colonies comme en France. Mais sauf aux Antilles, à la Guyane et à la Réunion, il existe dans la plupart de nos possessions, sous le nom de Conseils commissionnés, Conseils agréés, ou avocats défenseurs, des corps spéciaux, privilégiés au point de vue de la représentation des parties devant les tribunaux ; l'intervention de l'un des membres de ces corps n'est cependant pas obligatoire, et toute personne a le droit de plaider et postuler pour elle-même, ses cohéritiers, coassociés et consorts, et pour ses proches parents (1).

L'assistance judiciaire a été organisée aux Antilles et à la Réunion, par un décret du 16 janvier 1854. Les dispositions principales de cet acte ont été appliquées, par des arrêtés locaux, au plus grand nombre de nos colonies.

(1) Voir notamment, pour l'Inde, les décrets des 26 juin 1877 et 25 août 1883 ; pour l'Indo-Chine, les décrets des 15 mai 1884, 5 novembre 1888, 13 septembre 1889, 13 janvier 1894 ; pour Madagascar, le décret du 9 juin 1896.

CHAPITRE II

LÉGISLATION COLONIALE

SECTION Ire

DROIT CIVIL. — PROCÉDURE CIVILE. — DROIT PÉNAL. — INSTRUCTION CRIMINELLE. — DROIT COMMERCIAL. — PROCÉDURE ADMINISTRATIVE.

Il n'est pas nécessaire de développer longuement les raisons pour lesquelles la législation des colonies ne peut être purement et simplement celle de la Métropole. La présence sur un même territoire d'européens et d'indigènes, ces derniers appartenant parfois à des races diverses, justifie la coexistence de lois distinctes, appropriées à l'état de civilisation respectif des uns et des autres. Bien plus, les circonstances géographiques, économiques et sociales, variables d'une colonie à une autre, et partout différentes de celles de la France continentale, rendent impossible, même en ce qui concerne les européens, l'application des lois de la métropole aux colonies en général, et l'application à celles-ci, dans leur ensemble, d'une législation uniforme. En dépit des conditions particulières dans lesquelles se trouvent ainsi placées nos possessions, le but poursuivi, souvent avec une hâte excessive, a été leur assimilation au point de vue de la législation, comme à beaucoup d'autres. Nous avons constaté une réaction contre cette tendance, qui attribue à nos lois une sorte de vertu intrinsèque, les rendant propres à donner satisfaction à tous les besoins, dans tous les milieux, et sous toutes les latitudes.

On a vu déjà comment est faite la loi pour les colonies. Le Sénatus-Consulte du 3 mai 1854 divise celles-ci en deux groupes, le premier comprenant la Réunion et les Antilles régies, selon le cas, par des lois, des décrets en Conseil d'État et des décrets simples ; le second, dans lequel figurent tous les autres établissements, placés, à part quelques exceptions, sous le régime des décrets simples.

Droit civil. — Le Code civil a été étendu successivement à la plupart de nos colonies, mais non sans quelques modifications, dont les plus importantes concernent la nationalité, le mariage, les successions vacantes, la propriété.

La loi du 26 juin 1889 qui a fixé, en dernier lieu, les conditions dans lesquelles on peut acquérir, perdre ou recouvrer la qualité de Français, était applicable de plein droit à la Martinique, à la Guadeloupe et à la Réunion. Les étrangers dans ces trois colonies ont donc, au point de vue de la naturalisation, une situation analogue à celle qu'ils auraient en France.

Mais, pour nos autres possessions, la loi précitée prévoyait qu'un règlement d'administration publique déterminerait les conditions d'application des dispositions nouvelles, et un décret en Conseil d'État du 7 février 1897, leur a rendu applicables les articles 7, 8, 9, 10, 12, 17, 18, 19, 20 et 21 du Code civil. La naturalisation est subordonnée à trois années de séjour ininterrompu dans les colonies.

Ce décret déclare, du reste, qu'il n'est rien changé en ce qui concerne les indigènes, lesquels, en principe, sont sujets et non citoyens français. En Cochinchine, la naturalisation des indigènes a été réglée par un décret du 25 mai 1881. Peuvent recevoir la qualité de Français les Annamites âgés de 21 ans, nés et domiciliés en Cochinchine, qui justifient de la connaissance de la langue française, ou qui sont décorés de la Légion d'honneur, de la médaille militaire ou de médailles d'honneur. Les indigènes des pays placés sous le protectorat de la France en Extrême-Orient peuvent aussi être naturalisés, après un an de domicile en Cochinchine, ou s'ils ont rendu des services aux intérêts français. La naturalisation étend ses effets à la femme et aux enfants mineurs de l'indigène naturalisé.

Le mariage est également soumis aux colonies à quelques règles spéciales destinées à faciliter les unions légitimes. Les dispenses prévues par le Code sont accordées, non par le chef de l'État, mais en Conseil privé, par le gouverneur, qui peut aussi lever les prohibitions portées aux mariages entre beaux-frères et belles-sœurs.

Divers décrets des 29 juillet 1877, 27 janvier 1883 et 29 janvier 1890 concernant la Nouvelle-Calédonie, les établissements de l'Océanie, la Cochinchine, le Cambodge, l'Annam et le Tonkin suppriment, dans certains cas, les actes respectueux, substituent facultativement le consentement du Conseil privé ou du Conseil de protectorat à celui des personnes désignées par le Code civil, autorisent ces conseils à dispenser de la production de l'acte de naissance et des publications, et à apprécier si, à défaut des pièces indispensables, l'absence d'empêchements ou la dissolution d'une précédente union sont suffisamment établis.

La loi du 20 juin 1896, qui a simplifié les formalités du mariage, est applicable de plein droit à la Martinique, la Guadeloupe et la Réunion. Il en est de même de la loi du 27 juillet 1884, sur le divorce, étendue ensuite aux autres colonies.

Les successions vacantes font l'objet de dispositions particulières dont l'origine remonte à un édit du 24 novembre 1781. Le décret du 27 janvier 1855 qui s'en est inspiré, institue une curatelle d'office, pour les successions de personnes décédées aux colonies (autres que les officiers, fonctionnaires ou agents civils et militaires), au sujet desquelles il ne se présente ni héritier, ni légataire universel, ni exécuteur testamentaire, et pour les biens vacants et sans maîtres. C'est le receveur de l'enregistrement qui remplit les fonctions de curateur d'office ; à cet effet, il fournit un cautionnement, et tient une comptabilité spéciale (arrêté ministériel du 10 juin 1864), soumise à la surveillance du secrétariat général et du service judiciaire. L'actif de chaque succession, confié à la Caisse des dépôts et consignations, est remis aux héritiers lorsqu'ils se présentent, ou versé au Domaine et acquis à la colonie à l'expiration de la prescription trentenaire. Un décret du 14 mars 1890 a appliqué à toutes nos possessions les règles fixées, pour le service de la curatelle, par le décret du 27 janvier 1855 qui ne concernait que les Antilles et la Réunion.

Jusqu'à ces dernières années, la propriété foncière n'était pas constituée dans nos établissements de l'Océanie. Un décret du 24 août 1887 avait établi pour cinq ans un mode transitoire de constatation de la propriété immobilière qui, à l'expiration de ce délai, devait être régie par les principes du Code civil. Mais les retards apportés par les indigènes dans l'accomplissement des formalités voulues, imposèrent d'abord l'obligation de proroger, pour une période de trois ans, le premier délai fixé (décret du 29 septembre 1892), puis l'adoption de dispositions spéciales (décret du 24 septembre 1895) qui font supposer que la situation ne se modifiera probablement pas avant un certain temps.

Procédure civile. — Ce n'est qu'aux Antilles, à la Guyane et à la Réunion que le Code de procédure civile a pu être promulgué sans modifications importantes. Partout ailleurs, la procédure s'écarte plus ou moins de celle de la métropole selon que les colonies sont pourvues d'une organisation judiciaire plus ou moins complète. Un des traits les plus saillants des procédures coloniales, et qui existe même aux Antilles, à la Guyane et à la Réunion, est le recours en annulation devant la Cour d'appel substitué, dans certains cas, au pourvoi en cassation, et dont il a déjà été parlé dans le chapitre précédent.

Sans entrer dans le détail des textes qui ont organisé la procédure aux colonies, nous nous contenterons d'indiquer que le procédé le plus généralement employé pour remplacer la procédure métropolitaine, lorsqu'elle ne convient pas aux circonstances locales, consiste à adopter, soit la procédure des tribunaux de commerce (Saint-Pierre et Miquelon, ordonnance du 26 juillet 1833, Cochinchine, Cambodge, Annam et Tonkin, décrets des 17 mai 1895 et 15 septembre 1896, Madagascar, décret du 9 juin 1896), soit celle des justices de paix (Soudan, Guinée, Côte-d'Ivoire, Dahomey, Congo, Côte des Somalis, Mayotte). Dans l'Inde, le Code métropolitain a été promulgué en 1819, mais un certain nombre de ses dispositions restent inappliquées, en vertu d'arrêtés des gouverneurs évidemment entachés d'illégalité.

Code pénal. — Le Code pénal a été promulgué dans toutes les Colonies par la loi du 8 janvier 1877 et les décrets du 6 mars 1877, mais sous la modification suivante : les faits prévus par les règlements de police de l'autorité locale sont considérés comme contraventions de simple police, et punis des mêmes peines. Mais en matière administrative et pour l'exécution des lois, décrets et règlements, le gouverneur conserve le pouvoir exceptionnel de rendre des arrêtés sanctionnés par 15 jours de prison et 100 fr. d'amende, à condition qu'ils soient convertis en décrets, dans un délai qui varie entre quatre et huit mois, selon la colonie, et au delà duquel ils deviennent caducs. (Article 3 de la loi du 8 janvier 1877, décret du 29 septembre 1877.)

La même loi (article 4) spécifiait que l'article 10 du décret du 16 août 1854 sur l'organisation judiciaire des colonies demeure en vigueur ; par suite, aux Antilles, à la Réunion, à la Guyane et dans l'Inde, la contrainte par corps est supprimée en matière criminelle et remplacée par des journées de travail pour le compte de la colonie ou des communes.

Dans l'Inde, les conditions particulières résultant du statut personnel des indigènes ont donné lieu à de sérieuses difficultés en ce qui concerne l'application du Code pénal ; un décret du 18 septembre 1877 a prévu des sanctions spéciales pour les infractions en matière de caste et de religion.

Les modifications successivement apportées au Code pénal ont été étendues aux colonies.

Instruction criminelle. — C'est en matière d'instruction criminelle que la législation métropolitaine a dû subir de profondes modifications pour être adaptée aux colonies.

L'institution du jury a été introduite aux Antilles et à la Réunion en 1880, mais avec des modifications ayant surtout pour but de simplifier la procédure. La Guyane, de même que les autres colonies, est encore soumise au régime de l'assessorat.

Les cours d'appel ne peuvent ordonner d'office des poursuites, mais seulement sur la réquisition du procureur général.

Dans l'Inde, aux Antilles à la Réunion, et en Nouvelle-Calédonie, on retrouve, en matière de simple police, le recours en annulation devant la cour d'appel que nous avons déjà rencontré en matière civile.

A Saint-Pierre et Miquelon, la procédure correctionnelle est celle de la métropole ; la procédure criminelle est réglée par l'ordonnance du 25 juillet 1833.

Le Code d'instruction criminelle est appliqué au Sénégal,

dans la mesure fixée par une ordonnance du 14 février 1838.

Au Soudan, en Guinée, à la Côte-d'Ivoire, au Dahomey, au Congo, au pays Somali, à Mayotte, la procédure métropolitaine de simple police est en vigueur pour les matières correctionnelles et de simple police. La procédure correctionnelle est appliquée en appel à Konakry, Grand-Bassam et Porto-Novo. Le tribunal criminel de la côte Somali suit la procédure des justices de paix, mais le président a les pouvoirs discrétionnaires des présidents de cours d'assises.

Ces mêmes pouvoirs appartiennent aux présidents des cours criminelles de l'Indo-Chine (décrets des 18 septembre 1888 et 17 mai 1895), où la procédure criminelle se rapproche beaucoup de celle des cours d'assises, et de Madagascar où la procédure correctionnelle de la métropole est appliquée en matière criminelle et correctionnelle, la procédure de simple police étant réglée comme en France (décret du 9 juin 1896). La situation de Madagascar, au point de vue de l'instruction criminelle, est d'ailleurs semblable à celle que les décrets des 27 mars 1879, 18 août 1868 et 1er juillet 1880, avaient faite à la Nouvelle-Calédonie et aux établissements français de l'Océanie.

Au nombre des officiers de police judiciaire doivent être compris, aux Antilles et à la Réunion, les sous-officiers de gendarmerie et les gardes de police, à la Guyane, les commandants de pénitenciers, chefs de camps et surveillants militaires.

Les règlements de juges sont déférés au Conseil privé lorsqu'il s'agit d'un conflit entre les juridictions de droit commun et les tribunaux d'exception, à la Cour d'appel, lorsqu'il s'agit d'un conflit entre juges d'instruction ou tribunaux de simple police, à la Cour de cassation, lorsque le conflit s'élève entre deux juridictions n'appartenant pas à la même colonie.

Code de commerce. — La loi du 7 décembre 1850 a déclaré le Code de commerce applicable, dans l'état où il se trouvait alors, à la Martinique, à la Guadeloupe, à la Réunion, à la

Guyane, à Saint-Pierre et Miquelon et au Sénégal. Un décret du 1er juin 1878 a implicitement donné le Code de commerce au Gabon, avec la législation du Sénégal. Le même Code a été promulgué dans l'Inde par un décret du 7 décembre 1864, en Cochinchine par un décret du 25 juillet 1864, en Nouvelle-Calédonie par un arrêté du 17 octobre 1862, et à Tahiti par un décret du 27 mars 1874.

Les modifications que subit le Code de commerce sont en général étendues aux colonies. C'est ainsi qu'un décret du 9 juillet 1890 a mis en vigueur dans nos autres possessions, la loi du 4 mars 1889 sur la faillite et la liquidation judiciaire qui, par son texte même, était applicable aux Antilles et à la Réunion, et qu'un second décret du même jour a appliqué à toutes les colonies la loi du 4 avril 1890, complétant la loi précitée du 4 mars 1886.

L'abolition de la contrainte par corps, qui date de 1869 pour les Antilles, a été généralisée par des mesures successives qu'une loi du 27 juin et un décret du 12 août 1891 ont confirmées.

Procédure administrative. — La procédure en matière administrative est réglée par le décret du 5 août 1881, qui a reproduit, en la modifiant, l'ordonnance du 31 août 1828. Le Conseil du contentieux est saisi par une requête introductive d'instance, et sans constitution d'avocat obligatoire. Le secrétaire du conseil tient registre de ces requêtes. Elles doivent être accompagnées de toutes les pièces que le requérant juge utiles, et pour les communications à faire aux parties, de copies certifiées conformes, faute desquelles il n'est pas donné suite à la demande. Après exposé sommaire par le rapporteur désigné, la requête est communiquée à la partie adverse ou, en cas d'urgence, au gérant de ses biens dans la colonie. Toutes les notifications sont effectuées par la voie administrative.

Le Conseil du contentieux siège en audience publique ;

chaque affaire donne lieu à un rapport écrit, après production duquel les parties et le commissaire du gouvernement présentent leurs observations. Le conseil peut ordonner soit le transport sur les lieux, soit une enquête, soit un interrogatoire sur faits et articles, toutes décisions préparatoires non susceptibles d'être déférées au Conseil d'État. La décision sur le fond de l'affaire est prononcée en audience publique, et signifiée par huissier, sauf lorsque l'État ou la colonie est partie au procès ; elle peut être attaquée devant le Conseil d'État.

SECTION II

LÉGISLATION INDIGÈNE

Les considérations sommairement exposées au début de ce chapitre ont imposé dans un certain nombre de colonies le maintien, pour les indigènes, de la législation antérieure à notre occupation, ou tout au moins l'adoption d'une législation spéciale tenant compte des coutumes locales, souvent étroitement rattachées aux croyances religieuses, mais supprimant tout ce qui pouvait être en contradiction absolue avec les principes généraux de notre civilisation.

Inde. — Nulle part, la conciliation entre les règles fondamentales de notre droit public, et les institutions sociales de la population indigène n'était plus délicate que dans nos établissements de l'Inde. Un arrêté local du 6 janvier 1819 reproduisant les dispositions du règlement du 30 septembre 1769, et de la déclaration du 30 décembre 1818, décidait que les Indiens seraient, comme par le passé, jugés suivant les lois, usages et coutumes de leurs castes. C'est ainsi que les Indiens musulmans peuvent réclamer l'application du Coran aux litiges qui les concernent, et les Indiens de religion brahmanique désignés sous le nom de gentils, celle de leurs traditions ou Mamoul. Les uns et les autres peuvent d'ailleurs renoncer à leur statut personnel, et se soumettre librement et volontairement à la législation française.

Le décret du 21 septembre 1881 a fixé les formes de la renonciation, mais en laissant subsister la faculté de l'effectuer en dehors des conditions qu'il prévoyait. La renonciation peut même être tacite, et résulter de l'accomplissement d'un acte incompatible avec les lois et coutumes indigènes (arrêt de la Cour de cassation du 24 juillet 1888). Par le fait de la renonciation qui est définitive et irrévocable, les Indiens sont régis, ainsi que leurs femmes et leurs enfants, par les lois civiles et politiques applicables aux Français dans la colonie.

Des arrêtés des 10 juin 1854 et 29 décembre 1855 avaient réglementé l'état-civil des indigènes ; les déclarations reçues par un fonctionnaire étaient transmises sur feuille volante à l'officier de l'état-civil. Le décret du 24 avril 1880 a déclaré applicable aux natifs de l'Inde le titre II du livre Ier du Code civil, dans les conditions suivantes : les déclarations de naissance et de décès sont reçues directement par les officiers de l'état-civil ; pour les mariages, les indigènes chrétiens observent les règles du Code civil ; les musulmans et gentils peuvent également se soumettre à ces règles, ou se contenter de faire une déclaration de la célébration du mariage.

Ce sont là des mesures administratives qui n'infirment en rien l'engagement pris de respecter les coutumes locales, engagement que tous les gouvernements ont tenu, avant comme après la Révolution. La base des institutions sociales de l'Inde est la division des populations brahmaniques en castes strictement hiérarchisées. Aucune pénétration, aucun contact ne sont possibles entre les différentes castes, et toute infraction aux règles sévères qui assurent cette séparation entraîne pour l'intéressé l'exclusion de la société organisée.

L'autorité reconnaît et protège cette constitution à la fois aristocratique et religieuse. La tradition fait du gouverneur le juge suprême en matière de caste ; il décide souverainement, et ses arrêtés sont sanctionnés par un emprisonnement de 1 à 15 jours et une amende de 1 à 100 francs (ordonnance du 7 février 1842, décret du 18 septembre 1877). Ce dernier décret réglemente en outre les manifestations extérieures du culte, au point de vue du droit de réunion et d'association. Un comité consultatif de jurisprudence indienne existe à Pondichéry, pour éclairer les décisions du gouvernement et des tribunaux, dans les questions dont la solution exige la connaissance des lois indiennes, et des us et coutumes des Malabars. (Ordonnance locale du 30 octobre 1827.)

Indo-Chine. — La suppression progressive des juridictions indigènes en Cochinchine, et l'attribution du jugement des litiges entre indigènes aux tribunaux français, mettaient ceux-ci dans la nécessité d'appliquer et d'interpréter la loi coutumière annamite. Les difficultés de cette tâche ont d'abord fait songer à la rédaction d'un Code civil annamite ; mais cette idée a été abandonnée pour l'application d'un système permettant de laisser à la jurisprudence une plus grande marge qu'une codification proprement dite. Deux décrets du 3 octobre 1883 ont l'un réglementé la constatation de l'état-civil des Annamites, l'autre rendu applicables les titres du Code civil relatifs à la jouissance et à la privation des droits civils et au domicile : ils annonçaient, en outre, un précis qui existe aujourd'hui et condense les règles du droit annamite sur l'absence, le mariage, le divorce, la paternité, la filiation, l'adoption, la puissance paternelle, la minorité et la majorité.

Au point de vue pénal, il avait été admis, dès la conquête de la Cochinchine, que les lois annamites seraient appliquées aux indigènes, mais avec les modifications de fait justifiées par l'incompatibilité de certaines peines avec notre civilisation. Le gouverneur, institué juge suprême en matière indigène par le décret du 25 juillet 1864, intervenait chaque fois qu'il était nécessaire, à ce point de vue. Le décret du 16 mars 1880 a rendu le Code pénal applicable aux indigènes de la Cochinchine, avec les suppressions et modifications exigées par l'état social des justiciables, et par leur conception du droit pénal, qui mesure le châtiment au préjudice causé. Mais les exceptions ainsi admises ne peuvent s'appliquer aux infractions commises par les indigènes au préjudice des Européens, lesquelles ressortissent, comme on l'a vu, aux tribunaux français.

Au Tonkin et en Annam, les indigènes sont jugés suivant la loi annamite par des tribunaux annamites dont les sentences sont visées par le résident; les faits de rébellion sont déférés à des tribunaux mixtes, où le résident n'avait, à l'origine, qu'un droit de présence et de direction des débats, sans participer au jugement : il fait aujourd'hui partie intégrante du tribunal.

Au Cambodge, les juridictions locales appliquent aux indigènes, sans atténuation et sans intervention française, la législation locale.

Le partage des attributions respectives des juridictions française et indigène au Laos est encore à déterminer.

Afrique. — En Afrique, il y a lieu de signaler l'application du Coran par le tribunal musulman de Saint-Louis, dont la compétence est interprétée restrictivement par la jurisprudence, notamment en matière de successions. Dans les territoires protégés du Sénégal, au Soudan, au Congo, en Guinée, à la côte d'Ivoire, au Dahomey, et sur la côte Somali, les chefs indigènes rendent la justice conformément aux coutumes locales, sauf intervention de l'administrateur, dans l'intérêt de la politique française. Dans la Guinée, à la Côte d'Ivoire, au Dahomey, il existe un tribunal criminel compétent pour les crimes des indigènes.

Madagascar et Comores. — Les juridictions indigènes et la législation locale ont été maintenues à Madagascar pour les affaires civiles, par le décret du 9 juin 1896. En matière criminelle et correctionnelle les indigènes sont jugés par les tribunaux français qui appliquent la loi malgache, avec des tempéraments nécessaires d'équité.

La législation malgache avait été codifiée en dernier lieu en 1881. Le gouvernement de la colonie a prescrit aux administrateurs une enquête sur les coutumes de leurs circonscriptions respectives, en vue d'une refonte du Code malgache de 1881, tant pour la partie pénale que pour la partie civile, laquelle comprendrait désormais le droit coutumier de l'Imérina et celui des autres provinces. (Rapport d'ensemble du gouverneur général, *Journal officiel* du 21 mai 1899.)

Aux Comores, les Sultans exercent la juridiction civile indigène.

Nouvelle-Calédonie. — Un décret du 18 juillet 1887 relatif à l'administration des tribus, et à la répression, par voie disciplinaire, des infractions spéciales aux indigènes de la Nouvelle-Calédonie, donnait au gouverneur le pouvoir de statuer, pendant dix ans, sur ces matières, au moyen d'arrêtés sanctionnés par 15 jours de prison et 100 francs d'amende. Ces dispositions continuent à être appliquées pendant une nouvelle période d'égale durée. (Décret du 12 mars 1897.)

TITRE III

ORGANISATION POLITIQUE. — CONSEILS ÉLECTIFS.

CHAPITRE PREMIER
REPRÉSENTATION DES COLONIES EN FRANCE

SECTION PREMIÈRE

REPRÉSENTATION DES COLONIES DANS LE PARLEMENT

La Révolution avait reconnu aux colonies le droit d'élire des représentants au Corps législatif. Mais la Constitution de l'an VIII leur retira ce privilège, et la représentation coloniale ne fut rétablie qu'en 1848. Un décret du 5 mars 1848 accorda douze députés à nos établissements d'outre-mer. La Constitution du 4 novembre 1848 ayant réduit ce nombre à huit, les colonies de la Martinique, de la Guadeloupe et de la Réunion, qui nommaient chacune trois députés, n'en eurent plus que deux; la Guyane et le Sénégal conservèrent leur représentant, mais l'Inde perdit le sien.

Supprimée de nouveau en 1852, la représentation coloniale se trouva rétablie par le décret du gouvernement de la Défense nationale du 8 septembre 1870 convoquant les collèges électoraux à l'effet d'élire une assemblée nationale, dans les conditions prévues par la loi du 15 mars 1849. Un décret du 15 septembre 1870 fixa le nombre des députés des colonies.

La Constitution de 1875 et la loi du 30 novembre 1875 donnèrent un sénateur et un député à chacune des colonies de l'Inde, de la Martinique, de la Guadeloupe et de la Réunion. Ces trois dernières ont vu doubler le nombre de leurs députés, par la loi du 28 juillet 1881 qui a accordé un représentant à la Cochinchine. Une loi du 8 avril 1879 avait déjà rendu leur député au Sénégal et à la Guyane. Nos possessions sont donc actuellement représentées dans le Parlement, par quatre sénateurs et dix députés.

Il est procédé aux élections sénatoriales aux colonies comme en France, conformément aux lois des 2 août 1875 et 8 décembre 1884. Le collège électoral est composé des députés, des conseillers généraux et des délégués nommés par les conseils municipaux. Aux Antilles et à la Réunion il n'existe pas de conseillers d'arrondissement ; ceux-ci sont remplacés, dans l'Inde, par des conseillers locaux qui prennent part au vote.

Le collège électoral se réunit au chef-lieu de chaque colonie ; cependant, par suite des difficultés de communication, les élections ont lieu, dans l'Inde, au chef-lieu de chaque établissement. Un règlement d'administration publique du 4 janvier 1876 fixe le taux de l'indemnité de déplacement allouée aux délégués.

Les contestations que peut soulever l'élection des délégués sont portées devant le conseil du contentieux, sauf recours au Conseil d'État.

Les députés des colonies sont élus au suffrage universel, d'après une liste unique établie comme dans la métropole, et servant également, sauf dans l'Inde, à la Guyane et en Cochinchine, pour les élections des conseils généraux et des conseils municipaux. En ce qui concerne les opérations de formation et de révision des listes électorales, on s'était conformé aux prescriptions de la loi du 15 mars 1849, jusqu'à ce qu'un arrêt de la Cour de cassation du 5 juillet 1882, et les circulaires ministérielles des 18 novembre 1882 et 31 août 1883 aient imposé l'application des dispositions de la loi du 7 juillet 1874.

Les cas d'indignité et d'incapacité électorales sont déterminés par le décret organique du 2 février 1852.

Les lois des 8 avril 1879, 28 juillet 1882 et 9 décembre 1884 qui ont augmenté le nombre des députés des anciennes colonies, ou donné un représentant à la Guyane, au Sénégal et à la Cochinchine, accusaient une tendance évidente vers l'extension de la représentation coloniale dans le Parlement. Toutes nos colonies semblaient devoir être appelées, à la suite du complet développement de leurs libertés locales, à élire des représentants chargés de défendre leurs intérêts au sein des Chambres.

Un sentiment contraire s'est pourtant manifesté, d'après lequel il faudrait non seulement renoncer à toute augmentation du nombre des députés et des sénateurs coloniaux, mais encore supprimer la représentation que possèdent certains établissements (1). Les partisans de cette opinion soutiennent que l'application du suffrage universel aux colonies donne lieu aux plus graves abus, méconnaît les besoins des colons qui se trouvent en minorité vis-à-vis des indigènes, et favorise l'antagonisme des races, en mettant en opposition, dans nos dépendances, les divers éléments de la population. Ils contestent, d'ailleurs, le droit de discuter les intérêts de la métropole et de voter le budget, aux représentants des colonies, celles-ci n'acquittant aucun impôt, et ne prenant pas leur part des charges de la mère-patrie.

---

(1) Voir une proposition de loi tendant à supprimer la représentation nationale des colonies des Indes, de la Cochinchine et du Sénégal, au Sénat et à la Chambre des députés, présentée par M. d'Estournelles, député. (Annexe au procès-verbal de la séance de la Chambre des députés, du 9 juillet 1898.)

SECTION II

CONSEIL SUPÉRIEUR DES COLONIES

Les colonies qui ne sont pas admises à élire des membres du Parlement sont représentées auprès du gouvernement par des délégués, membres du conseil supérieur des colonies.

On retrouve l'origine de ces délégations dans un arrêt du conseil du 10 décembre 1759, et une ordonnance du 17 janvier 1787 qui organisèrent aux Antilles des chambres de commerce et d'agriculture ayant chacune, à Paris, un correspondant nommé par le roi sur une liste de présentation de trois candidats. Ces délégués disparurent en 1789; mais depuis, on a eu recours à une représentation restreinte analogue, toutes les fois que les colonies ont été privées de représentants dans le Parlement.

C'est ainsi qu'un arrêté du 23 ventôse an XI plaça auprès du ministre de la marine et des colonies, un conseil consultatif composé des délégués élus par les chambres d'agriculture coloniales.

Sous la Restauration les délégués étaient désignés par le roi, sur une liste de trois noms présentée, d'abord par les comités consultatifs créés aux Antilles, à la Réunion et à la Guyane (ordonnance du 22 novembre 1819), et plus tard, par les conseils généraux (ordonnance du 21 août 1825), auxquels une ordonnance du 23 août 1830 donna le droit d'élection.

Le conseil des colonies cessa de fonctionner en 1848. Le sénatus-consulte du 3 mai 1854 rétablit un comité consultatif des colonies comprenant des délégués élus par les conseils généraux des Antilles et de la Réunion, et des membres nommés par l'empereur pour représenter les autres établissements. Un décret du 26 juillet 1856 fixa les attributions du comité qui prit fin en 1870.

Bien que depuis lors les colonies aient eu dans les Chambres un certain nombre de représentants, on jugea utile de réunir, pour l'étude des questions coloniales, un conseil dans lequel figureraient, à côté de ces représentants, des membres ayant des compétences diverses, et des délégués des possessions qui ne peuvent élire des députés ou des sénateurs. C'est dans ces conditions que fut constituée, le 23 décembre 1878, une commission supérieure des colonies à laquelle le conseil supérieur des colonies ne tarda pas à succéder.(Décret du 19 octobre 1883.)

L'organisation actuelle du conseil supérieur fait l'objet des décrets des 29 mai 1890, 19 septembre et 17 octobre 1896. Cette assemblée est présidée par le ministre des Colonies ; deux vice-présidents et des présidents de section choisis parmi ses membres sont nommés par décret. Font partie du conseil :

Les sénateurs et députés des colonies ;

Douze délégués élus pour trois ans par Saint-Pierre et Miquelon, la Guinée française, la Côte d'Ivoire, le Dahomey, le Congo, Mayotte, Nossi-Bé, Madagascar, l'Annam-Tonkin, le Cambodge, la Nouvelle-Calédonie, les Etablissements de l'Océanie ;

Vingt-un membres *de droit* désignés par leurs fonctions, et représentant le Conseil d'Etat et les divers départements ministériels ;

Des membres en nombre illimité nommés par arrêté ministériel, à raison de leur compétence spéciale en matière coloniale ;

Les présidents des chambres de commerce de Paris, Lyon, Marseille, Bordeaux, Rouen, Le Havre, Nantes et Lille ou leurs délégués ;

Le directeur général de la Caisse des dépôts et consignations, le gouverneur du Crédit foncier, le directeur du Comptoir d'escompte et celui de la Banque de l'Indo-Chine ;

Le président ou un délégué de la Société de géographie de Paris, de la Société de géographie commerciale, de la Société des études coloniales et maritimes, de la Société française de colonisation, et de la Société académique indo-chinoise.

Les secrétaires du conseil nommés par arrêté ministériel sont assistés des secrétaires de sections, en qualité de secrétaires-adjoints ; ces derniers sont désignés parmi les fonctionnaires de l'administration centrale du ministère des Colonies.

Le conseil supérieur est divisé en quatre sections correspondant aux groupes de colonies ci-après : 1° Antilles, Réunion, Saint-Pierre et Miquelon et Guyane ; 2° possessions de la côte occidentale d'Afrique, et établissements de la côte des Somalis ; 3° union indo-chinoise ; 4° autres établissements.

Les délégués des colonies au conseil supérieur doivent être citoyens français, avoir 25 ans, posséder leurs droits civils et politiques ; une indemnité peut leur être allouée par la colonie qu'ils représentent. Ils sont élus, dans chaque possession, par les citoyens français inscrits sur les listes électorales. Aucune règle n'a été fixée en ce qui concerne ces élections pour lesquelles on a même admis le vote par correspondance ; les contestations qu'elles peuvent susciter doivent être portées devant le ministre, sauf recours au Conseil d'État.

Le conseil supérieur des colonies n'a qu'un rôle purement consultatif : il donne son avis sur les projets de loi, de règlements d'administration publique ou de décrets renvoyés à son examen, et en général sur toutes les questions qui lui sont soumises par le ministre. La composition même de cette assemblée en rend, du reste, la réunion assez difficile, pour qu'on ait jugé nécessaire de constituer dans son sein une commission permanente destinée à la suppléer. (Décret du 19 septembre 1896.)

CHAPITRE II

ASSEMBLÉES LOCALES

SECTION PREMIÈRE

CONSEILS GÉNÉRAUX DES ANTILLES ET DE LA RÉUNION

L'ordonnance du 21 août 1825 créa le premier conseil général colonial à la Réunion ; les ordonnances des 2 janvier et 19 mars 1826, et 27 août 1828 étendirent cette institution à la Martinique, la Guadeloupe et la Guyane. Le rôle modeste de ces assemblées consistait à donner leur avis sur les questions financières, et à exposer les vœux de chaque colonie. Leurs membres étaient choisis pour cinq ans, par le roi, sur une liste de candidats élus par les conseils municipaux.

La loi du 24 avril 1833 augmenta les attributions des assemblées locales qui, prenant le nom de conseils coloniaux, devinrent de véritables conseils électifs, et eurent à voter le budget, à déterminer le régime de l'impôt, et à régler, au moyen de décrets coloniaux, toutes les questions qui n'entraient pas dans le domaine de la loi ou des ordonnances royales.

Les conseils coloniaux abusèrent de ces pouvoirs, et une loi du 25 juin 1841 réduisit leurs prérogatives, surtout au point de vue financier. Ils furent supprimés par la loi du 27 avril 1848 qui confiait provisoirement leurs attributions aux commissaires généraux de la République remplaçant les gouverneurs.

En réglant la constitution des Antilles et de la Réunion, le sénatus-consulte du 3 mai 1854 rétablit dans ces colonies un conseil général qui pouvait être consulté sur toutes les questions d'intérêt colonial, votait les dépenses locales, les taxes nécessaires pour l'acquittement de ces dépenses, à l'exception des tarifs de douane, les contributions extraordinaires et les emprunts. Ces pouvoirs furent modifiés dans le sens d'une extension aussi large que possible, par le sénatus-consulte du 4 juillet 1866, point de départ de l'organisation actuelle. Mais pour apprécier le véritable esprit de cet acte, il ne faut pas perdre de vue, qu'au moment où il parut, le gouvernement exerçait une action directe sur la composition des conseils généraux. Ceux-ci en effet ne comprenaient que des membres désignés moitié par le gouverneur, moitié par les conseils municipaux, nommés eux-mêmes par le gouverneur. L'application aux conseils généraux des colonies du principe de l'élection au suffrage universel, décidée par le décret du 3 décembre 1870, a complètement modifié le caractère de ces assemblées, qui sont ainsi devenues de véritables parlements locaux armés de pouvoirs considérables.

Les conseils généraux n'ont pas su se garder entièrement des exagérations que peuvent faire craindre l'indépendance dont ils jouissent et l'importance de leurs attributions. Leur rôle politique les a absorbés outre mesure ; au lieu de prêter leur concours à l'administration, ils ont cherché fréquemment à empiéter sur ses prérogatives et sont entrés en lutte avec elle. Les questions de personnes et les intérêts particuliers apparaissent trop souvent dans leurs préoccupations. « De graves abus ont été commis dans la fixation des taxes perçues aux colonies. Les assemblées locales n'ont pas toujours tenu compte des forces contributives du pays, et les tarifs sont devenus, en de certaines mains, une arme de guerre employée contre toute une catégorie d'industriels. On a vu récemment, grâce à une surélévation de droits, une colonie récupérer à son profit les avantages que la métropole accorde à l'industrie sucrière pour la protéger et mettre ainsi la loi en échec (1). »

Si regrettables que soient ces abus, ils ne sauraient justifier, pour les colonies possédant des conseils généraux, le retrait des libertés locales qui leur ont été octroyées. Mais il semble, en ce qui concerne nos autres établissements, qu'avant de les doter de conseils électifs, on devrait faire l'essai d'assemblées ayant surtout un caractère consultatif, telles que les *délégations financières* de l'Algérie, et chargées de préparer les éléments des décisions à l'égard desquelles prononcerait définitivement un conseil d'administration ou conseil supérieur, substitué au conseil privé actuel.

Composition et fonctionnement des conseils généraux. — Les conseils généraux des Antilles et de la Réunion sont composés de 36 membres. Sont éligibles, les citoyens français âgés de vingt-cinq ans accomplis, domiciliés dans la colonie ou y payant une contribution directe (loi du 22 juin 1833, décret du 3 juillet 1848). Cependant le nombre des membres non domiciliés dans la colonie ne doit pas excéder le quart du nombre total du conseil. Pour être élu, il faut, au premier tour de scrutin, réunir la majorité des suffrages exprimés, et un nombre de suffrages égal au quart des électeurs inscrits ; au second tour de scrutin, la majorité relative suffit. (Loi du 10 août 1871, article 14.)

Les cas d'inéligibilité et d'incompatibilité sont déterminés par le décret du 20 août 1886 qui fait application aux fonctions coloniales des principes posés par la loi du 10 août 1871.

(1) Rapport de la Commission des budgets locaux déjà cité. Voir pages 6 et 106.

L'élection a lieu au suffrage universel comme en France ; un arrêté du gouverneur en conseil privé fixe les circonscriptions électorales (décret du 7 novembre 1789). Les règles concernant la convocation des électeurs, la durée et le dépouillement du scrutin sont celles de la loi de 1871. (Décret du 16 février 1882.)

Les réclamations contre les opérations électorales sont jugées par le conseil du contentieux de la colonie. En cas de recours au Conseil d'Etat, le conseiller général dont l'élection aurait été annulée par le conseil du contentieux conserve ses fonctions jusqu'à ce qu'il ait été statué définitivement. (Décret du 20 décembre 1887.)

L'organisation intérieure des conseils généraux fait l'objet de règles spéciales déterminées par les sénatus-consultes des 3 mai 1854 et 4 juillet 1866, les décrets des 26 juillet 1854, 3 décembre 1870, 16 février 1877 et 12 juin 1879.

Les conseillers généraux nommés pour six ans et renouvelables par moitié tous les trois ans sont indéfiniment rééligibles. Il n'y a chaque année qu'une session ordinaire dont la durée est d'un mois. Le gouverneur peut la prolonger, en cas de nécessité ; il peut aussi convoquer le conseil en session extraordinaire, et devrait le faire obligatoirement si l'administration et la commission coloniale se trouvaient en conflit.

A l'ouverture de chaque session ordinaire, le conseil général procède à l'élection de son bureau. Les séances sont publiques, à moins que le conseil n'ait décidé qu'il se formerait en comité secret (décret du 13 février 1877). Bien qu'aucun texte ne leur reconnaisse ce droit, les assemblées locales font leur règlement particulier.

Le gouverneur ouvre chaque session, mais c'est le secrétaire-général qui suit les délibérations ; les autres chefs d'administration ou de service peuvent, avec l'autorisation du gouverneur, être entendus sur les affaires qui les concernent.

Le conseil général ne peut délibérer, si la moitié plus un des membres qui le composent n'est présente. Dans ce cas, la délibération est renvoyée au surlendemain, et elle est alors valable quel que soit le nombre des votants. Les délibérations prises en dehors de l'époque des sessions du conseil et du lieu de ses séances, ou sur des questions étrangères à ses attributions sont nulles. La nullité est déclarée par un arrêté du gouverneur en conseil privé ou, à défaut, par un décret en Conseil d'État.

Un arrêté du gouverneur pris en conseil privé peut proroger ou dissoudre le conseil général. La durée de la prorogation est indéterminée, mais il ne peut s'agir, évidemment, que d'une suspension assez courte. La dissolution donne lieu à de nouvelles élections dans le délai de trois mois.

Attributions des conseils généraux. — Le sénatus-consulte du 4 juillet 1866 énumère les attributions des conseils généraux qui ont à statuer, à délibérer ou à donner leur avis sur certaines matières, votent le budget et les impôts, peuvent émettre des vœux.

Les conseils généraux *statuent* (article 1er du sénatus-consulte) sur les matières ci-après :

1º Acquisitions, aliénations et échanges des propriétés mobilières et immobilières de la colonie, quand ces propriétés ne sont pas affectées à un service public ;

2º Changement de destination et d'affectation des propriétés de la colonie, lorsque ces propriétés ne sont pas affectées à un service public ;

3º Mode de gestion des propriétés de la colonie ;

4º Baux de biens donnés à ferme ou à loyer quelle qu'en soit la durée ;

5º Actions à intenter ou à soutenir au nom de la colonie ;

(En cas d'urgence, le gouverneur qui a seul le droit de représenter la colonie en justice pourrait intenter toute action ou y défendre, et faire tous actes conservatoires, sans délibération préalable du conseil général. Si les intérêts de l'Etat étaient contraires à ceux de la colonie, il semble que le droit de représenter cette dernière devrait appartenir à un membre de la commission coloniale.)

6° Transactions concernant les droits de la colonie ;

7° Acceptation ou refus de dons et legs faits à la colonie sans charges ni affectation immobilière, quand ces dons et legs ne donnent pas lieu à réclamation ;

8° Classement, direction et déclassement des routes ;

9° Classement, direction et déclassement des chemins d'intérêt collectif, désignation des communes qui doivent concourir à l'entretien de ces chemins, subventions qu'ils peuvent recevoir sur les fonds coloniaux ; le tout sur l'avis des conseils municipaux ;

10° Offres faites par les communes, par des associations ou par des particuliers, pour concourir à la dépense des routes, des chemins ou d'autres travaux à la charge de la colonie ;

11° Concessions à des associations, à des compagnies ou à des particuliers de travaux d'intérêt colonial ;

12° Part contributive de la colonie dans la dépense des travaux à exécuter par l'Etat et qui intéressent la colonie ;

13° Projets, plans et devis des travaux exécutés sur les fonds de la colonie ;

14° Assurances des propriétés mobilières et immobilières de la colonie ;

15° Etablissement et organisation des caisses de retraite ou autres modes de rémunération en faveur du personnel autre que le personnel emprunté aux services métropolitains.

Les décisions prises par les conseils généraux sur ces diverses matières sont définitives et deviennent exécutoires si, dans le délai d'un mois à partir de la clôture de la session, le gouverneur n'en a pas demandé l'annulation pour excès de pouvoirs, pour violation d'un sénatus-consulte, d'une loi ou d'un règlement d'administration publique. Cette annulation est prononcée, sur le rapport du ministre des Colonies, par décret rendu dans la forme des règlements d'administration publique ; elle n'a d'effet qu'à partir du décret qui la prononce, tandis que la nullité qui frappe les délibérations prises par les assemblées locales en dehors de leurs attributions, remonte à la date même de ces délibérations, et doit, en principe, être déclarée par arrêté du gouverneur en conseil privé.

Les conseils généraux *délibèrent* (article 3 du sénatus-consulte) sur les matières suivantes :

1° Emprunts à contracter et garanties pécuniaires à consentir ;

2° Acceptation ou refus des dons et legs faits à la colonie en dehors des conditions spécifiées au § 7 de l'article 1er ;

3° Mode de recrutement et de protection des immigrants ;

4° Mode d'assiette et règles de perception des contributions et taxes ;

5° Frais de matériel des services de la justice et des cultes ; frais de personnel et de matériel du secrétariat du gouvernement, de l'instruction publique, de la police générale, des ateliers de discipline et des prisons ;

6° Concours de la colonie dans les dépenses de travaux intéressant à la fois la colonie et les communes ;

7° Part de la dépense des aliénés et des enfants assistés à mettre à la charge des communes, et bases de la répartition à faire entre elles ; règlement d'admission dans un établissement public, des aliénés dont l'état n'est pas compromettant pour l'ordre public et la sûreté des personnes ;

8° Etablissement, changement ou suppression des foires et marchés ;

Ces délibérations ne sont définitives et ne deviennent exécutoires qu'après avoir été approuvées par un acte du pouvoir exécutif, règlement d'administration publique pour les emprunts, l'acceptation des dons et legs, le recrutement et la protection des émigrants, décret simple en ce qui concerne l'assiette et les règles de perception des contributions et taxes, ou arrêté du gouverneur en conseil privé dans tous les autres cas. (Décret du 11 août 1866.)

Les conseils généraux doivent donner *leur avis* (article 4 du sénatus-consulte) sur les changements proposés à la circonscription du territoire des arrondissements, cantons et communes, sur la désignation des chefs-lieux, sur les difficultés relatives à la répartition de la dépense des travaux intéressant plusieurs communes, et, en général, sur toutes les questions d'intérêt colonial dont la connaissance leur est réservée par les règlements ou sur lesquelles ils sont consultés par les gouverneurs. Ils peuvent en outre (article 11 du sénatus-consulte) adresser directement au ministre des colonies, par l'intermédiaire de leur président, *les réclamations* présentées dans l'intérêt spécial de la colonie, et exprimer leur opinion sur l'état et les besoins des différents services publics.

Enfin, les conseils généraux *votent le budget* ainsi que les *taxes et contributions* de toute nature nécessaires pour l'acquittement des dépenses de la colonie (articles 1 et 5 du sénatus-consulte). C'est là leur prérogative la plus importante, et aussi la plus délicate ; elle leur donne, en effet, les moyens d'exercer une action directe sur toute l'administration, et de contribuer à la prospérité économique de nos établissements, par une gestion prudente et sage des finances locales.

Les attributions des conseils généraux en matière de budget seront étudiées avec l'organisation financière des colonies. Il suffira de signaler ici que le pouvoir de voter les impôts reconnu à ces assemblées par le sénatus-consulte de 1866 a subi certaines restrictions, en ce qui concerne les droits de douane et d'octroi de mer, depuis que la loi du 11 janvier 1892 a décidé, en principe, l'application aux colonies du tarif général métropolitain. Les conseils généraux peuvent seulement prendre des délibérations pour demander des exceptions à ce tarif, et ces exceptions doivent être consacrées par un règlement d'administration publique. Quant aux tarifs d'octroi de mer, ils continuent à être votés par les conseils généraux, mais ils sont rendus exécutoires par décrets, sur le rapport du ministre des colonies.

Commissions coloniales ; intérêts communs à plusieurs colonies. — Un décret du 12 juin 1879 a créé, sur le modèle des commissions départementales prévues par la loi du 10 août 1871, des commissions coloniales élues, chaque année, par les conseils généraux, à la fin de leur session ordinaire.

Les commissions coloniales dont les attributions ne sont pas très nettement définies règlent les affaires qui leur sont renvoyées par les conseils généraux, dans la limite de la délégation qui leur est faite, délibèrent sur toutes les questions qui leur sont déférées par la loi, et donnent leur avis au gouverneur, sur toutes les questions qu'il leur soumet ou sur lesquelles il croit devoir appeler leur attention.

Chaque commission coloniale se réunit au moins une fois par mois, sans préjudice du droit que possède son président ou le gouverneur de la convoquer extraordinairement ; à l'ouverture de la session ordinaire du conseil général, elle adresse à celui-ci un rapport sur l'ensemble des travaux qu'elle a effectués, et lui soumet toutes propositions utiles.

Ce même décret du 12 juin 1879 a étendu aux colonies des Antilles et de la Réunion les dispositions de la loi du 10 août 1871 autorisant les conseils généraux à provoquer entre eux une entente sur des objets d'utilité commune. Mais en ce qui concerne les assemblées coloniales, cette entente ne peut avoir pour but que les relations postales et télégraphiques et la conclusion de contrats relatifs au recrutement des travailleurs, à la création d'établissements d'enseignement public, hospitaliers ou pénitentiaires. Si d'autres affaires étaient traitées, les gouverneurs, qui sont nécessairement avisés des pourparlers engagés, devraient y mettre fin immédiatement.

Les questions sont débattues par correspondance entre les présidents des conseils généraux dûment accrédités à cet effet, ou exceptionnellement par des commissions spéciales nommées dans ce but. Les décisions prises ne sont exécutoires qu'après ratification des conseils généraux intéressés.

Il ne semble pas que jusqu'ici les assemblées locales de nos anciennes colonies aient usé du droit que leur a reconnu le décret du 12 juin 1879.

SECTION II

CONSEILS GÉNÉRAUX DES AUTRES COLONIES

Au cours des vingt dernières années, des conseils généraux ont été créés dans toutes les colonies dont l'état de développement a paru assez avancé pour justifier la participation directe des habitants à la gestion des affaires locales. L'organisation de ces assemblées est le résultat d'une combinaison des dispositions du sénatus-consulte du 4 juillet 1866, avec celles de la loi du 10 août 1871 ; quelques-unes des particularités qu'elle présente dans les établissements où elle est appliquée doivent être signalées.

Guyane. — Un décret du 23 décembre 1878 a institué à la Guyane un conseil général fonctionnant à peu près comme aux Antilles.

Il existe, pour les élections du conseil général, une liste électorale spéciale sur laquelle on n'est inscrit qu'après un an de domicile dans la colonie, au lieu de six mois.

Les fonctionnaires et agents de l'administration pénitentiaire sont inéligibles. (Décret du 23 novembre 1887.)

Le conseil est composé de seize membres partagés en deux séries dont l'ordre de renouvellement est fixé par un tirage au sort ; il fait son règlement intérieur et détermine l'ordre de ses délibérations.

La colonie étant soumise au régime des décrets, les délibérations concernant les emprunts à contracter, l'acceptation ou le refus des dons et legs, le mode de recrutement et de protection des immigrants, le mode d'assiette et les règles de perception des contributions et taxes sont approuvées par de simples décrets, et non par des décrets en forme de règlements d'administration publique.

Un décret du 28 avril 1882 a créé une commission coloniale avec les mêmes attributions que celles des commissions existant dans les anciennes colonies.

Sénégal. — Le décret du 4 février 1879 qui a donné un conseil général au Sénégal reproduit un grand nombre des dispositions du décret du 23 décembre 1878 dont il vient d'être parlé.

Sont seuls électeurs les habitants des communes régulièrement constituées, et on ne saurait considérer comme étant encore applicable l'instruction du gouvernement provisoire du 27 avril 1848 qui, à l'occasion des élections à la Constituante, avait dispensé de toute preuve de naturalisation les indigènes du Sénégal ayant plus de cinq ans de résidence dans la colonie.

Pour être éligibible il faut savoir parler, lire et écrire le français. Le mandat de conseiller général est gratuit, mais la colonie doit pourvoir aux moyens de transport des membres du conseil résidant hors du chef-lieu.

Le nombre des membres du conseil est de vingt, dont dix pour l'arrondissement de Saint-Louis, et dix pour l'arrondissement de Gorée répartis par moitié entre la commune de Rufisque et la circonscription de Gorée-Dakar. (Décret du 17 avril 1897.)

La session ordinaire a lieu au mois de mai (décret du 8 avril 1898) ; sa durée est réduite à quinze jours.

Le conseil vote, pour toute l'étendue de la colonie, les tarifs des taxes et contributions locales autres que ceux afférents aux droits de douane et d'octroi de mer. En dehors de ces matières, il ne peut que délibérer ou émettre un avis, lorsqu'il s'agit de territoires non compris dans les circonscriptions électorales. Il n'a aussi qu'à donner un avis, en ce qui concerne les tarifs de douane à appliquer dans la colonie, et l'établissement, le changement et la suppression des foires, marchés et escales.

Une commission coloniale fonctionne au Sénégal en exécution d'un décret du 12 août 1885.

Inde. — Le décret du 25 janvier 1879 a substitué, dans les établissements de l'Inde, au conseil colonial existant depuis 1872, un conseil général dont les attributions diffèrent peu de celles de l'assemblée locale de la Guyane. Mais on a dû adopter des règles spéciales, quant au mode d'élection du conseil, en raison des éléments variés dont se compose la population de la colonie. Celle-ci comprend, en effet, des Européens ou descendants d'Européens, des Indiens qui, réclamant le bénéfice de la législation française, ont renoncé à leur statut personnel (décret du 21 septembre 1881), enfin des Indiens qui continuent à être régis par « les lois, usages et coutumes de leurs castes », droit que leur garantit un arrêté local du 6 janvier 1819.)

Pour répondre à cette division de la population, le nombre des listes électorales fixé à deux, dans le principe, fut porté à trois par un décret du 26 février 1884 : les Européens et leurs descendants figuraient sur la première liste, les Indiens renonçants sur la seconde ; la troisième liste était réservée aux Indiens ayant conservé leur statut personnel. Chaque liste d'électeurs nommait le tiers des membres de chaque conseil local, les élus pouvant être indifféremment choisis sur l'une ou l'autre liste.

Un décret du 10 septembre 1899 a supprimé, en fait, la seconde liste; il ne doit plus être établi de liste distincte pour les renonçants, que si leur nombre est égal ou supérieur à la moitié des natifs n'ayant pas renoncé. Des dispositions spéciales (article 4) prévoient les cas où des Indiens peuvent être inscrits sur la première liste dont les électeurs, s'ils sont moins de vingt, votent avec les indigènes.

Le conseil général se compose de vingt huit membres, dont douze pour Pondichéry, huit pour Karikal, quatre pour Chandernagor, deux pour Mahé et deux pour Yanaon, élus par moitié, par chaque liste, dans chaque établissement; il est tenu compte de cette répartition pour le renouvellement triennal des séries du conseil.

Les conseillers généraux doivent parler, lire et écrire le français; bien que leurs fonctions soient gratuites en principe, il leur est alloué avec leurs frais de route ou de passage une indemnité de huit francs par jour, pendant leur séjour à Pondichéry.

Le conseil général de l'Inde n'a aucun pouvoir, en ce qui concerne le vote des tarifs de douane ou d'octroi de mer; il lui est interdit de s'occuper des affaires de culte et de caste, lesquelles sont exclusivement réservées au gouverneur.

Le décret du 25 janvier 1879 a réorganisé les conseils locaux fonctionnant dans chaque établissement en exécution du décret du 13 juin 1872. Ces assemblées élues dans les mêmes conditions que le conseil général n'ont qu'un rôle considérablement amoindri; leurs attributions purement consultatives consistent à donner un avis sur des matières qui sont de la compétence du conseil général. (Décret du 12 juillet 1887.)

Nouvelle-Calédonie. — Le décret du 2 avril 1885 portant institution d'un conseil général à la Nouvelle-Calédonie rappelle dans ses dispositions générales que le gouverneur est le dépositaire de l'autorité du gouvernement.

Le conseil comprend dix-neuf membres répartis dans neuf

circonscriptions (décret du 27 mai 1898). Le mandat de conseiller général est incompatible avec les fonctions de conseiller privé titulaire ou suppléant, et les emplois de tout ordre salariés ou subventionnés sur les fonds de la colonie. Cette incompatibilité s'étend, de même qu'à la Guyane, au Sénégal et dans l'Inde, aux entrepreneurs de services ou de travaux publics rétribués sur le budget local. Le personnel de l'administration pénitentiaire est inéligible. (Décret du 23 novembre 1887.)

Le conseil a chaque année deux sessions ordinaires. La session dans laquelle sont délibérés les budgets et les comptes commence de plein droit le 3 novembre ; sa durée ne peut excéder un mois. L'ouverture de l'autre session a lieu au jour fixé par le conseil, dans sa session de novembre ; sa durée est de quinze jours. (Décret du 10 août 1895.)

La suspension du conseil ne peut être prononcée pour plus de deux mois. En cas de dissolution, les électeurs sont obligatoirement convoqués dans un délai de quatre semaines.

Le fonctionnement et les attributions de la commission coloniale font l'objet des articles 60 à 75 du décret du 2 avril 1885.

Tahiti. — Les établissements français de l'Océanie possédaient un conseil général organisé par le décret du 28 décembre 1885 à peu près dans les mêmes conditions qu'en Nouvelle-Calédonie, et comptant au nombre de ses membres, avec des représentants de Tahiti et de Mooréa, des conseillers généraux élus par les archipels des Marquises, des Tuamotu, des Gambier et les îles Tubuaï et Rapa.

En raison de la difficulté des communications entre les divers groupes d'îles, les dépendances étaient obligées de choisir leurs représentants parmi les habitants du chef-lieu, si elles voulaient assurer leur présence aux réunions du conseil général ou de la commission coloniale. Ce choix portait presque toujours sur des membres du conseil municipal de la ville de Papeete, et le chef-lieu exerçait ainsi une influence absorbante sur les préoccupations de l'assemblée, au détriment des archipels dont les intérêts étaient le plus souvent sacrifiés.

Un décret du 10 août 1899 a rendu leur autonomie administrative et financière aux îles Marquises, Tuamotu, Gambier, Tubuaï et Rapa qui forment autant d'établissements distincts, avec une organisation semblable à celle que le décret du 28 juillet 1897 avait déjà donnée aux Iles-sous-le-Vent. Les questions concernant chaque dépendance sont réglées par le gouverneur en conseil privé, celui-ci complété d'un représentant de l'archipel intéressé nommé par décret, pour deux ans, sur la présentation du gouverneur.

Le conseil général qui a conservé les mêmes attributions, mais dont l'action ne s'étend plus que sur Tahiti et Mooréa ne comprend plus que onze membres, dont quatre pour la commune de Papeete, et sept pour le reste de Tahiti et Mooréa.

Saint-Pierre et Miquelon. — Des considérations analogues à celles qui ont conduit à réduire la compétence territoriale du conseil général des Etablissements de l'Océanie avaient motivé la suppression de l'assemblée locale créée à Saint-Pierre et Miquelon par le décret du 2 avril 1885.

La difficulté qu'on éprouvait à trouver dans la population presque entièrement agglomérée au chef-lieu, un nombre de membres suffisant pour occuper les fonctions électives existant dans la colonie, avait eu pour conséquence une véritable confusion entre le conseil municipal de la ville de Saint-Pierre et le conseil général composés des mêmes éléments. Par ailleurs, les intérêts métropolitains si importants engagés dans ces îles n'étaient pas représentés dans l'assemblée locale, et cette situation présentait les plus graves inconvénients.

Le conseil général a, dès lors, été supprimé par un décret du 25 juin 1897. Ses attributions sont exercées par le gouverneur en conseil privé constitué en conseil d'administration, au moyen de l'adjonction du maire de la ville de Saint-Pierre, représentant désigné de la majeure partie de la population, et du président de la chambre de commerce, organe attitré des intérêts économiques de la colonie.

Cochinchine. — Le décret du 8 février 1880 a créé en Cochinchine, sous le nom de conseil colonial, une assemblée locale ayant des attributions peu différentes de celles des conseils généraux, mais dont la composition répond à des nécessités particulières. On s'est efforcé, en tenant compte des conditions spéciales du pays, de faire, dans le conseil, la part de tous les intérêts en cause, celui de nos nationaux fixés dans la colonie, celui des indigènes, celui du commerce local, enfin celui de l'administration. Le conseil colonial se compose par suite de seize membres : six citoyens français ou naturalisés, six asiatiques sujets français, deux membres civils du conseil privé désignés par décret, deux délégués de la chambre de commerce élus dans son sein. Les uns et les autres sont nommés pour quatre ans, et renouvelés par moitié, tous les deux ans, dans chaque catégorie.

Les membres français sont élus au scrutin secret par le suffrage universel et direct. Pour être électeur, il faut un an de domicile dans la colonie; deux ans, pour être éligible.

Les membres indigènes sont élus, dans chaque circonscription, par un collège composé d'un délégué de chacune des municipalités annamites désigné par le suffrage des notables. Depuis 1898, aucun indigène ne peut être élu s'il ne sait parler le français. (Décret du 28 janvier 1892.)

Les membres du conseil colonial reçoivent, à titre de frais de déplacement, une indemnité dont la quotité est fixée par un arrêté du gouverneur du 27 septembre 1880.

L'assemblée se réunit une fois par an en session ordinaire.

La durée de cette session ne peut excéder vingt jours; toutefois, le gouverneur peut la proroger pour une période de dix jours, par un arrêté pris en conseil privé (décret du 6 octobre 1887). Les délibérations ont lieu en français et sont rédigées dans la même langue. Un interprète commissionné traduit aux indigènes les discussions et les propositions mises aux voix. Les procès-verbaux des séances sont publiés en français et en quoc-ngu.

Les pouvoirs du conseil colonial étaient, à l'origine, à peu près les mêmes que ceux des conseils généraux. Un décret du 6 octobre 1887 les avait notablement réduits, et ils ont été de nouveau amoindris, par suite de la création du budget général de l'Indo-Chine (décret du 31 juillet 1898). Une disposition à signaler est celle qui déclare qu'aucun « avantage direct ou indirect, sous quelque forme que ce soit, ne pourra être accordé par le conseil colonial à un fonctionnaire ou à une catégorie de fonctionnaires, autrement que sur la proposition de l'administration. » Tout vote émis contrairement à cette disposition est nul et de nul effet. (Décret du 28 septembre 1888.)

Des arrêtés locaux avaient organisé en Cochinchine des conseils d'arrondissement dont le décret du 5 mars 1889 a consacré le fonctionnement.

Composés de membres indigènes élus, pour chaque canton, par les notables des communes, ces conseils délibèrent sur toutes les questions touchant aux intérêts propres de l'arrondissement. Leur rôle emprunte une importance particulière à l'existence d'un budget spécial à l'arrondissement, alimenté par le produit de centimes additionnels et subvenant aux dépenses des chemins vicinaux et des petits canaux, aux frais de certaines écoles, et à l'entretien des propriétés de l'arrondissement.

CHAPITRE III

ORGANISATION MUNICIPALE

SECTION PREMIÈRE

LA COMMUNE DANS LES COLONIES ANCIENNES ET DANS LES AGGLOMÉRATIONS EUROPÉENNES

Martinique, Guadeloupe et Réunion. — Les institutions municipales ont été introduites à la Martinique et à la Guadeloupe par les décrets coloniaux des 12 juin 1827 et 20 septembre 1837, et à la Réunion par l'arrêté du 12 novembre 1848. Ces actes faisaient, dans chacune de nos anciennes colonies, une application différente des principes de l'organisation communale. Tandis qu'à la Guadeloupe le maire avait une grande liberté d'action, il était à la Martinique sous la dépendance directe du chef de la colonie; à la Réunion, son rôle était des plus effacés en regard des pouvoirs étendus du conseil municipal.

L'article 11 du sénatus-consulte du 3 mai 1854 sanctionna définitivement la division du territoire en communes, et déclara que chaque commune serait administrée par un maire, des adjoints et un conseil municipal tous nommés par le gouverneur.

Un régime plus libéral fut inauguré par le décret du 3 décembre 1870 admettant l'élection des conseillers municipaux au suffrage universel. Mais les maires et les adjoints continuèrent à être désignés par le gouverneur, jusqu'au moment où la loi du 28 mars 1882 décida qu'ils seraient élus, de même que dans la métropole.

Enfin, la loi du 5 avril 1884 appliqua aux Antilles et à la Réunion la législation municipale adoptée pour la France.

Les conseils municipaux sont élus par le suffrage universel direct et au scrutin de liste.

Sont électeurs tous les Français âgés de vingt-un ans accomplis et n'étant dans aucun des cas d'indignité ou d'incapacité prévus par la loi. Les électeurs doivent d'ailleurs, pour pouvoir prendre part au vote, être inscrits sur la liste électorale et, par conséquent, avoir leur domicile réel dans la commune ou y habiter depuis six mois au moins ; ou encore figurer au rôle des contributions directes, en déclarant, s'ils ne résident pas dans la commune, qu'ils veulent y exercer leurs droits électoraux.

Pour être éligible au conseil municipal il faut être électeur, âgé de vingt-cinq ans, domicilié ou contribuable dans la commune. Aux incompatibilités prévues pour la métropole, il faut ajouter celles qui visent les gouverneurs, les secrétaires généraux et les conseillers privés titulaires ou suppléants.

Les conseils municipaux sont nommés pour quatre ans, période à l'expiration de laquelle ils sont intégralement renouvelés. Ils se réunissent en sessions ordinaires quatre fois par an ; la durée de chaque session est de quinze jours, et peut être prolongée. Des sessions extraordinaires ont lieu, soit avec l'autorisation du gouverneur, soit nécessairement, sur la convocation du maire, si la majorité du conseil adresse à celui-ci une demande motivée.

Les conseils municipaux, les maires et les adjoints peuvent être suspendus pour trois mois, par arrêté du gouverneur, dont il est rendu compte au ministre. La dissolution des conseils municipaux est prononcée par arrêté du gouverneur en conseil privé. Les maires et adjoints sont révoqués par décret.

Dans les cas suivants : dissolution d'un conseil municipal, démission de tous ses membres, ou impossibilité de le constituer, le gouverneur peut, par arrêté, nommer une délégation spéciale chargée d'administrer la commune. Les pouvoirs de la délégation, limités aux actes de pure administration conservatoire, expirent avec l'élection d'un nouveau conseil, laquelle doit suivre dans un délai de deux mois.

Les conseils municipaux prennent des délibérations réglementaires et des délibérations soumises à approbation, votent le budget communal, émettent des avis et des vœux. Nous n'insisterons pas sur ces attributions qui sont les mêmes que celles des assemblées municipales métropolitaines. Les dispositions spéciales concernant le budget et la comptabilité des communes seront examinées plus loin.

Bien que la loi du 5 avril 1884 ait appliqué aux conseils municipaux des anciennes colonies la législation en vigueur dans la métropole, elle a dû cependant prévoir diverses dérogations aux règles générales qu'elle édictait. C'est ainsi que l'article 166 spécifie que l'octroi de mer reste assujetti à une réglementation particulière, et que l'article 165 attribue soit au ministre des Colonies, soit au gouverneur, soit au secrétaire général, soit au conseil privé ou au conseil du contentieux, certains pouvoirs appartenant, en France, au Président de la République, aux ministres de l'Intérieur et des Cultes, au préfet et sous-préfet, au conseil de préfecture et à la Cour des comptes. Ces modifications s'expliquent, non seulement par les différences que présente l'organisation administrative des colonies, mais encore par la nécessité d'une plus grande décentralisation, en raison de l'éloignement de nos établissements d'outre-mer.

Colonies régies par décrets. — Les institutions municipales étaient encore inconnues dans les colonies soumises au régime des décrets, à la fin du second empire. Depuis, on a créé des communes dans un grand nombre de ces possessions ; mais les libertés municipales n'ont pas pénétré dans tous nos établissements, et la plupart de ceux auxquels on les a octroyées les possèdent seulement pour des parties déterminées de leurs territoires.

L'organisation des communes existant à Saint-Pierre et Miquelon (décret du 13 mai 1872), au Sénégal (décret du 10 août 1872), en Nouvelle-Calédonie (décret du 8 mars 1879), à la Guyane (décret du 15 octobre 1879) et à Tahiti (décret du 20 mai 1890) est à peu près la même ; elle se rapproche de celle des municipalités des anciennes colonies et de la métropole, certaines dispositions de la loi du 5 avril 1884 ayant été déclarées applicables à ces divers établissements. (Décrets des 26 juin 1884, 29 avril 1889, 20 mai 1890.)

Le régime municipal fonctionne à Saint-Pierre et Miquelon et à la Guyane sur toute l'étendue du territoire, qui est partagé en trois communes dans la première de ces colonies, en dix dans la seconde.

Le Sénégal ne comprend que quatre communes de plein exercice, et la Nouvelle-Calédonie une, dont les limites sont exactement déterminées. (Décrets des 10 mars 1873, 8 mars 1879, 10 septembre 1881, 17 juin 1884, 30 décembre 1884.) Pour le reste du territoire, un décret du 13 décembre 1891 a prévu la création au Sénégal de communes mixtes et de communes indigènes (voir page 171). En Nouvelle-Calédonie des arrêtés locaux des 2 juillet 1879, 12 août 1881 et 12 juin 1882 ont installé, dans un certain nombre de circonscriptions, des commissions municipales composées de trois membres élus pour deux ans par les Européens français ou étrangers. Ces commissions nomment leur président.

Les pouvoirs des maires en matière de police municipale appartiennent en grande partie au secrétaire général, à la Guyane et en Nouvelle-Calédonie ; la situation spéciale de ces colonies affectées à la transportation justifie cette mesure.

Le décret du 12 mars 1880 qui a institué les municipalités de l'Inde divise les Etablissements en dix communes.

Comme pour le conseil général, deux listes d'électeurs concourent à l'élection des conseils municipaux, chaque liste, si elle comprend vingt électeurs au moins, nommant, dans chaque commune, la moitié des membres du conseil. (Décret du 20 septembre 1899.)

Les conseils municipaux élus pour six ans sont renouvelés par moitié tous les trois ans. Les électeurs ne sachant ni lire ni écrire le français ou la langue de leur établissement sont inéligibles.

Le gouverneur peut, par arrêté, suspendre pendant trois mois les maires et les adjoints, ou les révoquer; il prononce par arrêté, en conseil privé, la suspension pour six mois ou la dissolution des conseils municipaux, et doit immédiatement rendre compte de ces mesures au ministre.

En Cochinchine, l'organisation municipale de la ville de Saïgon a fait l'objet d'un décret du 8 janvier 1877, et les limites de cette commune ont été fixées par le décret du 15 décembre suivant.

La composition du corps municipal, comme celle de l'assemblée locale répond à certaines conditions particulières. La municipalité de Saïgon comprend quinze membres, dont onze citoyens français et quatre sujets indigènes, tous élus au suffrage universel et direct (décret du 29 avril 1881). Les listes électorales concernant les sujets annamites sont établies en se rapprochant, autant que possible, des prescriptions édictées par le décret du 8 janvier 1877 pour la formation des listes des électeurs citoyens français.

Des arrêtés locaux des 8 janvier, 1er et 29 mai 1886 avaient institué au Tonkin, à Hanoï et à Haïphong, des commissions municipales dont le rôle était purement consultatif. Ces villes possèdent aujourd'hui des municipalités organisées par les arrêtés du gouverneur général de l'Indo-Chine des 19 juillet 1888 et 31 décembre 1891, en tenant compte, autant que possible, des dispositions de la loi du 5 avril 1884.

Chaque conseil municipal se compose de dix membres français élus au suffrage universel direct ; de membres indigènes (trois pour Hanoï, deux pour Haïphong) nommés par les annamites soit fonctionnaires, lettrés ou employés ayant cinq ans de service, soit propriétaires ou patentés payant au moins quinze piastres de contributions ; de membres chinois ou asiatiques étrangers (deux pour Haïphong, un pour Hanoï) élus par les chinois et asiatiques étrangers se trouvant, au point de vue du cens, dans des conditions analogues à celles des annamites propriétaires ou patentés.

Les conseils municipaux sont nommés pour trois ans. Un administrateur des services civils de l'Indo-Chine désigné par le gouverneur général remplit les fonctions de maire ; il est assisté de deux adjoints choisis par le résident supérieur parmi les membres français du conseil.

SECTION II

LA COMMUNE DANS LES AGGLOMÉRATIONS INDIGÈNES

On vient de voir que l'élément indigène a sa place dans les municipalités de Saïgon, Hanoï et Haïphong, villes où afflue cependant la population européenne. Le même caractère mixte se retrouve dans la composition du corps municipal de Cholon, centre du commerce asiatique dans le voisinage de Saïgon, mais avec cette différence que, dans la municipalité de Cholon, les membres annamites et chinois sont en majorité.

Cette dernière commune a été organisée par un arrêté du gouverneur de la Cochinchine en date du 20 octobre 1879. Le conseil municipal se compose d'un président à la nomination du gouverneur ; de trois membres européens désignés par la chambre de commerce de Saïgon, autant que possible, parmi les commerçants et industriels de Cholon, et nommés par le gouverneur ; de quatre membres annamites élus par les indigènes âgés de 21 ans et payant au moins 100 francs de contributions, ou exempts de l'impôt personnel, en raison de leur âge ou de leurs infirmités ; de quatre membres chinois élus par leurs compatriotes âgés de 21 ans et acquittant 200 francs de contributions directes. Pour être éligible il faut avoir 27 ans.

Le régime municipal de la ville de Cholon repose sur les dispositions de la loi du 18 juillet 1837. Mais, en dehors des institutions communales introduites dans la colonie et qui se rapprochent plus ou moins de celles de la métropole, il existe en Indo-Chine des municipalités annamites d'origine locale fort ancienne, qui ont conservé leur organisation propre après notre installation dans le pays, et ont rendu les plus grands services à l'administration, surtout au point de vue du recouvrement de l'impôt.

La commune annamite est une personne morale capable de posséder, d'acquérir, d'ester en justice, d'aliéner l'usufruit des propriétés immobilières communales, mais non la nue propriété. Elle a des ressources spéciales, fait exécuter les travaux qui l'intéressent, opère la répartition des contributions directes et en assure la perception.

La direction des affaires municipales est confiée à un conseil de notables élus par la population indigène. Sont seuls électeurs et éligibles les citoyens actifs inscrits sur les rôles de l'impôt foncier. L'un des notables présenté par le conseil est désigné par le gouverneur pour remplir les fonctions de maire.

Avec la commune annamite, il y a lieu de mentionner comme un autre exemple de société communale d'origine indigène, les conseils de district fonctionnant à Tahiti et Mooréa en exécution de la loi tahitienne, conseils dont les attributions rappellent celles des assemblées municipales.

En vue de favoriser l'introduction des institutions communales dans nos possessions du Sénégal, un décret du 13 décembre 1891 a autorisé le gouverneur à prendre, en conseil privé, des arrêtés pour ériger en communes mixtes ou en communes indigènes les territoires d'administration directe qui, tout en étant susceptibles de recevoir une organisation municipale, ne renferment pas une population européenne ou assimilée suffisante pour justifier l'application des décrets des 10 août 1872 et 26 juin 1884.

Les communes mixtes et les communes indigènes ont la personnalité civile ; elles possèdent des ressources propres.

Les communes mixtes sont administrées par des commissions municipales composées de l'administrateur de la circonscription, président, remplissant les fonctions de maire et d'un certain nombre d'habitants notables (cinq à neuf) nommés pour trois ans par le gouverneur. Ces commissions délibèrent sur toutes les affaires qui sont soumises aux conseils municipaux dans les communes de plein exercice du Sénégal.

Les communes indigènes sont dirigées par l'administrateur de la circonscription exerçant toutes les fonctions dévolues aux maires ; il est assisté d'une commission municipale composée comme les précédentes, mais n'ayant qu'un rôle consultatif.

Dans chaque commune mixte ou indigène, un adjoint indigène choisi par le gouverneur parmi les membres de la commission municipale est chargé, sous l'autorité de l'administrateur, de tout ce qui concerne les indigènes et principalement de leur état civil, de la surveillance de la rentrée de l'impôt et de l'application des règlements de police.

TITRE IV

ORGANISATION FINANCIÈRE

CHAPITRE PREMIER
DISPOSITIONS GÉNÉRALES ET BUDGET DE L'ÉTAT

SECTION PREMIÈRE
RÉPARTITION DES RECETTES ET DES DÉPENSES
ENTRE LE BUDGET DE L'ETAT ET LES BUDGETS LOCAUX

Le régime financier des colonies a fréquemment varié depuis le commencement du siècle. Selon que l'Etat prenait leurs dépenses à sa charge, ou les laissait subvenir plus ou moins à leurs besoins, au moyen de leurs propres ressources, nos possessions extérieures ont fait l'expérience de divers systèmes dérivant les uns de l'assimilation financière, les autres de l'autonomie.

Jusqu'en 1825 les colonies n'eurent pas de budgets distincts; leurs recettes comme leurs dépenses figuraient au budget de l'Etat. Mais on s'était déjà préoccupé de les faire participer à leurs dépenses d'une manière plus directe, et d'alléger les charges qu'elles imposaient à la métropole. (Dépêche du ministre de la Marine au gouverneur de la Martinique du 13 octobre 1807.)

Les ordonnances royales des 26 janvier et 17 août 1825

d'abord, et plus tard la loi du 24 avril 1833 tendirent à ce but, en décidant que les colonies devraient acquitter toutes leurs dépenses sur les revenus locaux dont il leur était fait abandon ; seules les dépenses de la guerre et de la marine continuaient à être supportées par le budget de l'Etat. Cependant, ce système ne donna pas les résultats espérés. Les conseils coloniaux que la loi du 24 avril 1833 avait chargés, dans les anciennes colonies, de discuter et de voter les budgets locaux, abusèrent de leurs pouvoirs, et la métropole fut obligée, pour combler des déficits sans cesse plus considérables, d'accorder chaque année des subventions votées par les Chambres sur des justifications insuffisantes.

La loi du 25 juin 1841 mit fin à cet état de choses ; l'article 1er en résume l'économie : « Les recettes et les dépenses des colonies de la Martinique, la Guadeloupe, la Guyane et de Bourbon font partie des recettes et dépenses de l'Etat, et sont soumises aux règles de la comptabilité générale du royaume. Les recettes et dépenses affectées au service général sont arrêtées définitivement par la loi de budget. Les recettes et dépenses affectées au service intérieur continueront à être votées par les conseils généraux. »

Sous ce régime, l'Etat percevait à son profit les droits d'enregistrement, de timbre, d'hypothèque, de greffe, de douane, de port et de navigation ; il prenait à sa charge outre les dépenses des services militaires, la solde des fonctionnaires et agents du gouvernement colonial, des services civils et financiers, du culte, de la justice et de l'instruction publique, et les frais de construction et d'entretien des églises, le logement des instituteurs, les approvisionnements divers. C'était l'abandon du système de l'autonomie financière, et le retour à celui de l'assimilation. Les recettes effectuées dans ces conditions s'élevaient à six millions environ, et permettaient largement de faire face aux dépenses payées pour les colonies.

Dans les établissements autres que ceux des Antilles, de la Guyane et de la Réunion, le budget arrêté par le gouverneur était soumis à l'approbation du ministre de la Marine.

En 1854, on crut pouvoir tenter un nouvel essai de décentralisation financière, mais en plaçant les assemblées locales sous la dépendance directe du pouvoir métropolitain. Les conseils coloniaux qui n'existaient plus depuis 1848 étaient, en effet, remplacés par des conseils généraux composés, par moitié, de membres désignés par le gouverneur ou élus par les conseils municipaux nommés eux-mêmes par le gouverneur.

Le sénatus-consulte du 3 mai 1854 réglant la constitution de la Martinique, de la Guadeloupe et de la Réunion disposa que ces colonies bénéficieraient du produit de tous leurs impôts et paieraient toutes leurs dépenses, à l'exception de celles de gouvernement et de protection, que l'article 14 énumérait ainsi : « Gouvernement, administration générale, justice, cultes, subventions à l'instruction publique, travaux et services des ports, agents divers, dépenses d'intérêt commun, et généralement les dépenses dans lesquelles l'Etat aura un intérêt direct. »

Les dépenses laissées à la charge des colonies étaient *obligatoires* ou *facultatives*, suivant une nomenclature arrêtée par décret. Les possessions dont les ressources contributives excédaient les besoins pouvaient être tenues de fournir un contingent au Trésor public; celles dont les recettes étaient insuffisantes pouvaient recevoir des subventions du budget de l'Etat (article 15). Le gouverneur avait d'ailleurs le pouvoir d'inscrire d'office au budget les dépenses obligatoires omises par l'assemblée locale, de réduire les dépenses facultatives, d'interdire la perception des taxes excessives ou contraires à l'intérêt général de la colonie (article 14).

Malgré les restrictions ainsi apportées aux prérogatives des conseils généraux et le contrôle étroit exercé sur les budgets locaux par le gouvernement central, les charges supportées par le Trésor ne tardèrent pas à s'accroître; aucune colonie ne versa de contingent, toutes demandèrent des subventions de plus en plus importantes. On résolut, dès lors, tout en augmentant les pouvoirs des assemblées locales, de réduire les dépenses imposées à l'Etat.

Cette réforme fut réalisée par le sénatus-consulte du 4 juillet 1866, qui laisse subsister dans ses grandes lignes le régime adopté en 1854 : attribution au budget local de toutes les recettes, avec obligation d'acquitter toutes les dépenses autres que les dépenses de souveraineté, maintien du principe des contingents et des subventions, et de la distinction entre les dépenses obligatoires et facultatives. Mais les dépenses relatives au traitement du gouverneur, au personnel de la justice et des cultes, au service du trésorier-payeur, aux services militaires constituent seules les dépenses de souveraineté (article 5); la quotité des subventions ou des contingents est réglée par la loi annuelle de finances, et les contingents ne peuvent être imposés que jusqu'à concurrence des dépenses civiles laissées au compte de l'Etat, et des suppléments coloniaux de la gendarmerie et des troupes (article 6); enfin, le nombre des dépenses obligatoires se trouve réduit à quelques articles.

Le sénatus-consulte de 1866 base de l'organisation actuelle ne concernait que les Antilles et la Réunion, mais ses dispositions ont été, avec certaines modifications de détail, étendues à d'autres colonies, par les décrets qui leur ont donné des conseils généraux. Quant aux établissements qui ne possèdent pas d'assemblées locales, en dehors des actes organiques spéciaux à chacun d'eux, et qui peuvent définir les règles à suivre en matière de budget, le décret du 20 novembre 1882 fixe les principes généraux de leur organisation financière.

La situation de l'Indo-Chine mérite pourtant un examen spécial. Le décret du 10 janvier 1863 déclarait que la Cochinchine devrait, avec ses recettes locales, pourvoir à toutes ses dépenses autres que les frais de traitement du gouverneur et du trésorier-payeur, et les dépenses des services militaires et de la marine. La création d'un conseil colonial ayant des attributions analogues à celles des conseils généraux des autres colonies (décret du 8 février 1880), n'a rien modifié à ces dispositions : le budget local de la Cochinchine comportant des dépenses *obligatoires* et *facultatives* a continué à faire face aux mêmes charges ; il a même payé les frais du régiment de tirailleurs annamites, et versé chaque année au Trésor, en exécution de l'article 2 du décret du 10 janvier 1863, un contingent de plusieurs millions.

Le gouverneur général établit le budget des possessions de l'Indo-Chine non pourvues d'une représentation locale. En créant l'union indo-chinoise, le décret du 17 octobre 1887 avait prévu, avec les budgets particuliers de la Cochinchine, du Cambodge, de l'Annam et du Tonkin, un budget général de l'Indo-Chine qui ne tarda pas à être supprimé (décret du 11 mai 1888). On est revenu à cette organisation avec le décret du 31 juillet 1898 instituant, pour les dépenses d'intérêt commun, un budget général arrêté en conseil supérieur de l'Indo-Chine par le gouverneur général, et approuvé par décret rendu en conseil des ministres, sur la proposition du ministre des Colonies. A ce budget sont inscrites les dépenses du gouvernement général et des services qui en dépendent directement, de l'inspection mobile des colonies, de la portion des services militaires mise à la charge de l'Indo-Chine, du service de la justice française, de l'administration des douanes et régies et des autres contributions indirectes, des travaux publics d'intérêt général, du service des postes et télégraphes. L'Indo-Chine assumant ainsi de nouvelles charges ne paye plus à la métropole qu'une contribution unique de 100.000 francs.

L'organisation financière consacrée par les sénatus-consultes de 1854 et 1866 soulève de justes critiques. Elle impose à la métropole, sans que les colonies aient jamais à participer aux charges générales de l'Etat, des dépenses de souveraineté et de protection qui, du reste, ne sont pas les mêmes pour toutes nos possessions. La Cochinchine a payé pendant longtemps les frais du personnel de la justice, et ceux du régiment de tirailleurs annamites ; ces dépenses aujourd'hui acquittées sur les fonds du budget général de l'Indo-Chine seraient, partout ailleurs, à la charge du service colonial.

Dans le rapport adressé au ministre des Colonies par la Commission qui a procédé à l'examen des budgets locaux (1) (*Journal officiel* du 28 juillet 1899), le régime financier de nos établissements d'outre-mer est ainsi apprécié :

« Une colonie peut être considérée soit comme un département d'outre-mer, soit comme une sorte d'état autonome. Il est malaisé de concevoir qu'elle puisse être à la fois l'un et l'autre. C'est cependant à cette conception bâtarde que s'est arrêtée l'administration coloniale. Aujourd'hui nos colonies font acte d'Etat quand il s'agit d'établir et de percevoir les impôts de toute nature, et d'utiliser leurs recettes à leur usage exclusif ; elles redeviennent des départements pour laisser à la charge de la métropole leurs dépenses d'Etat. Ceci n'est point pour apprendre l'économie aux pouvoirs locaux, non plus que pour leur donner le sentiment de leur responsabilité. L'unique résultat de pareils errements a été de grever indéfiniment les budgets de la République, sans profit pour les finances locales ou pour l'œuvre colonisatrice. »

Aussi, dès 1893, à la demande du rapporteur du budget des colonies, le Parlement avait affirmé, qu'en principe, les colonies peuvent être tenues non seulement d'acquitter toutes leurs dépenses, mais encore de contribuer aux dépenses générales de l'Etat.

(1) Voir pages 6 et 148.

Plus récemment, la commission dont il vient d'être parlé demandait la suppression des dépenses dites *de souveraineté*, et déclarait que les colonies doivent disposer de tous leurs revenus et supporter toutes leurs dépenses. Elle a résumé ses propositions dans la formule suivante, qui a été insérée dans le projet de loi de finances de 1900, (Annexe au procès-verbal de la séance de la Chambre des députés du 4 juillet 1899) :

« Toutes les dépenses civiles et de la gendarmerie sont supportées en principe par les budgets des colonies. »

« Des subventions peuvent être accordées aux colonies sur le budget de l'Etat. »

« Des contingents peuvent être imposés à chaque colonie, jusqu'à concurrence du montant des dépenses militaires qui y sont effectuées. »

La mise en œuvre d'une semblable réforme exigeant dans chacun de nos établissements une sérieuse préparation, les nouvelles dispositions ne seraient destinées à entrer en vigueur qu'à partir du 1er janvier 1901.

SECTION II

BUDGET DE L'ETAT. — SUBVENTIONS DES COLONIES. — CONTRIBUTIONS INSCRITES AU BUDGET DE L'ETAT

Le budget des dépenses du Ministère des Colonies s'élevait à 91.633.540 francs pour l'exercice 1898 et à 90.794.762 fr. pour l'exercice 1899 ; ces sommes étaient ainsi réparties entre quarante-huit chapitres :

1re Section. — Dépenses communes

Ex. 1898 : 2.387.500 fr.
Ex. 1899 : 2.297.100 fr.

	EXERCICE 1898	EXERCICE 1899
Chap. 1 Traitement du ministre et personnel de l'administration centrale.	695,000 fr.	703,900 fr.
— 2 Matériel de l'administration centrale	137,000	193,000
— 3 Frais d'impression, publication de documents et abonnements	108,000	107,500
— 4 Frais de dépêches télégraphiques	102,000	102,000
— 5 Service central des marchés	120,000	110,000
— 6 Service administratif dans les ports de commerce de la métropole	162,500	109,700
— 7 Inspection des colonies	311,000	304,000
— 8 Secours et subventions	44,500	44,500
— 9 Subventions à diverses compagnies pour les câbles sous-marins	707,500	622,500

2ᵉ Section. — Dépenses civiles

Ex. 1898 : 13.249.868 fr.
Ex. 1899 : 13.559.750 fr.

Chap. 10 Personnel des services civils	489,564 fr.	407,750 fr.
— 11 Personnel de la justice	1,470,000	1,460,000
— 12 Personnel des cultes	602,000	602,000
— 13 Personnel des travaux publics	53,000	50,900
— 14 Entretien des phares à Saint-Pierre et Miquelon	17,100	27,100
— 15 Frais de voyage par terre et par mer et dépenses accessoires	325,000	308,000
— 16 Exposition permanente des colonies et renseignements commerciaux	43,400	21,000

	EXERCICE 1898	EXERCICE 1899
CHAP. 17 Participation à l'exposition universelle de 1900	2,000	925,500
— 18 Missions dans les colonies	210,000	210,000
— 19 École coloniale	28,000	25,000
— 20 Études coloniales	10,000	10,000
— 21 Émigration de travailleurs aux colonies	75,000	70,000
— 22 Annuités à payer à des exploitations agricoles pour la mise en valeur d'établissements français	360 000	360,000
— 23 Subvention au budget local du Congo français	2,353,000	2,428,000
— 24 Subvention au budget local de Madagascar	1,800,000	1,800,000
— 25 Subventions au budget local de certaines colonies	765,307 (1)	578,000 (1)
— 26 Subvention au budget annexe du chemin de fer et du port de la Réunion	2,508,500	2,508,500
— 27 Subvention au budget annexe du Soudan français	768,000	668,000
— 28 Chemin de fer de Dakar à Saint-Louis	1,270,000	1,000,000
— 29 Route de Konakry au Niger	100,000	100,000

3ᵉ Section. — Dépenses militaires

Ex. 1898 : 66,606,872 fr.
Ex. 1899 : 65,834,812 fr.

(1) Ces sommes se décomposent ainsi :

	EX. 1898	EX. 1899
Guadeloupe	35,000 fr.	25,000 fr.
Côte des Somalis	577.307	400,000
Mayotte	13,000	13,000
Établissements français dans l'Inde	60,000	»
Tahiti	80,000	80,000
Nouvelle-Calédonie	»	60,000
TOTAUX	765,307 fr.	578,000 fr.

	EXERCICE 1898	EXERCICE 1899
Chap. 30 Troupes aux colonies et comité technique. . . .	5,799,372 fr.	4,676,700 fr.
— 31 Gendarmerie coloniale . .	1,630,000	1,599,300
— 32 Commissariat colonial . .	871,500	762,600
— 33 Inscription maritime. . .	60,000	60,000
— 34 Comptables coloniaux . .	346,000	277,840
— 35 Service de santé (Personnel)	1,092,000	918,300
— 36 Service de santé (Matériel) .	1,474,000	1,159,300
— 37 Vivres et fourrages . . .	3,310,000	2,674,572
— 38 Frais de voyage par terre et par mer et dépenses accessoires.	1,400,000	1,179,700
— 39 Matériel de casernement, de campement et de couchage.	274,000	240,500
— 40 Matériel des services militaires	1,444,000	1,180,000
— 41 Dépenses des colonies . .	1,200,000	1,200,000
— 42 Dépenses militaires du Soudan français. . . .	6,180,000	6,165,000
— 43 Dépenses militaires de l'Indo-Chine.	23,250,000	20,360,000
— 44 Dépenses militaires de Madagascar.	18,276,000	23,384,000

4e Section. — Dépenses des services pénitentiaires

Ex. 1898 : 9,389,300 fr.
Ex. 1899 : 9,103,100 fr.

Chap. 45 Administration pénitentiaire (Personnel) . . .	2,649,500 fr.	2,870,300 fr.
— 46 Administration pénitentiaire (Hôpitaux, vivres, habillement, couchage) .	4,129,900	3,711,100
— 47 Administration pénitentiaire (Frais de transport)	1,170,000	1,185,000

	EXERCICE 1898	EXERCICE 1899
Chap. 48 Administration pénitentiaire (Matériel) . . .	1,439,900	1,336,700
TOTAUX.	94,633,540 fr.	90,794,762 fr.

En 1850, les dépenses du service colonial s'élevaient à 13.829.697 fr. ; elles atteignaient 21.244.547 fr. en 1860, 26.563.122 fr. en 1870, 32.059.567 fr. en 1880, 55.814.473 fr. en 1889. Dans le projet de budget de l'exercice 1900, les crédits demandés pour le Ministère des Colonies figurent pour 89.768.262 fr.

Pour apprécier exactement ce que les colonies coûtent à la métropole, il faudrait déduire du total des dépenses de chaque exercice, les frais des services pénitentiaires qui ne constituent pas une charge coloniale ; mais il y aurait lieu de tenir compte de diverses dépenses qui, alors même qu'elles figurent aux budgets d'autres départements ministériels, ont un véritable caractère colonial. Telles sont, sans parler des dépenses de l'Algérie et de la Tunisie : les subventions aux services maritimes postaux assurant les communications entre la France et ses possessions ; l'indemnité parlementaire des sénateurs et des députés des colonies ; certaines dépenses de la guerre et de la marine qui se trouvent augmentées, en raison de la nécessité de pourvoir à la garde et à la défense de nos établissements d'outre-mer ; la différence entre les pensions de retraite payées aux fonctionnaires, officiers, marins, militaires et agents divers ayant servi aux colonies, et les retenues opérées au profit du Trésor sur les traitements d'activité correspondants. Enfin, il conviendrait de relever les subventions ou secours extraordinaires assez fréquemment accordés à nos possessions par des lois spéciales.

Les dépenses acquittées aux colonies à la charge de l'Etat sont :
Les dépenses de gouvernement et de protection ;

Les subventions à l'instruction publique ;

Les subventions accordées, s'il y a lieu, au service local en exécution de l'article 6 du sénatus-consulte du 4 juillet 1866, et généralement toutes les dépenses dans lesquelles l'Etat a un intérêt direct, et qui sont mises à la charge de la métropole par les lois annuelles de finances, ou par des lois spéciales. (Décret du 20 novembre 1882, article 3.)

Bien que les budgets locaux recueillent les produits de tous les impôts perçus aux colonies, il est cependant certaines recettes qui sont effectuées pour le compte du budget de l'Etat. L'article 1er du décret du 20 novembre 1882 en donne l'énumération ; ce sont :

1° Le contingent à fournir, s'il y a lieu, au Trésor public, par les colonies, en exécution de l'article 6 du sénatus-consulte du 4 juillet 1866 et des lois annuelles de finances.

2° Le produit de la rente de l'Inde servie par le gouvernement anglais à la suite de conventions limitant nos droits, en ce qui concerne le commerce du sel et de l'opium. Le montant de cette rente fixée à « quatre lacs de roupies siccas » varie chaque année selon le cours du change.

3° Les retenues exercées en vertu de la loi du 9 juin 1853, pour le service des pensions civiles, sur la solde et les accessoires de solde du personnel des colonies.

4° Les produits de vente et cession d'objets appartenant à l'Etat ; les restitutions de sommes indûment payées, et en général, tous les autres produits perçus dans les colonies pour le compte de l'Etat.

Le tableau suivant fait connaître comparativement, pour les années 1889 et 1898, le montant des dépenses payées par l'État dans chaque colonie, et celui du contingent payé par chaque établissement à la métropole :

COLONIES	DÉPENSES PAYÉES PAR L'ÉTAT		CONTINGENT PAYÉ PAR LES COLONIES	
	Exercice 1889	Exercice 1898	Exercice 1889	Exercice 1898
	Francs.	Francs.	Francs.	Francs.
Martinique . . .	1.954.296	2,657,448	56.440	145,082
Guadeloupe . . .	1.895.350	1,653,709	57.320	152,020
		(1)		
Réunion	1.669.686	1,964,094	78.500	145,576
Guyane	5.696.225	6,329,810	37.640	70,075
St-Pierre et Miquelon	329.211	289,442	5.880	18,963
Nouvelle-Calédonie	7.652.840	7,408,853	26.800	60,419
Tahiti	791.064	871,446	20.860	32,684
Inde	477.699	308,073	20.906	54,240
Indo-Chine . .	18.316.337	26.764.741	11.108.680	4,845,342
Sénégal . . .	6.111.734	6,047,618	30.280	47,085
Soudan	3.038.356	6,948,000	»	3,000
Guinée française .	70.000	302,809	»	3,600
Côte d'Ivoire. . .	»	»	»	3,600
Dahomey	»	»	»	3,600
Congo	2.007.664	2,515,253	6.860	11,190
Côte des Somalis .	466 956	614,807	»	300
Mayotte . . .	160.478	44,845	3.300	7,520
Madagascar . . .	(2)	20,185,000	»	9,840
TOTAUX . .	50,637,890	84,905,945	11,453,436	5,614,133

Dans le contingent payé par chaque colonie sont compris, le contingent versé en remplacement des retenues de 3 0/0 autrefois dévolues à la Caisse des Invalides de la Marine sur les dépenses de matériel acquittées par les budgets locaux, et la contribution aux charges générales de l'État, imposée par la loi de finances du 28 avril 1893. La Cochinchine qui payait annuellement, en exécution de l'article 2 du décret du 10 janvier 1863, un contingent spécial prélevé sur ses excédents de

(1) Indépendamment de la subvention au budget annexe du chemin de fer et du port, qui, ainsi qu'on l'a vu, était de 2,508.500 fr.
(2) Les dépenses de Madagascar en 1889 figuraient pour 414,000 fr. au budget du Ministère des Affaires étrangères.

recette a cessé de le verser depuis 1899 ; le budget général de l'Indo-Chine ne paye plus qu'un contingent unique fixé à 100.000 fr. en compensation des réductions apportées aux crédits inscrits au budget colonial, pour les dépenses militaires de l'Annam-Tonkin.

Le ministre des Colonies dispose des crédits destinés à l'acquittement des dépenses du service colonial, au moyen d'ordonnances de paiement ou de délégation.

Les ordonnateurs secondaires aux colonies sont : l'officier du commissariat, chef du service administratif, pour les dépenses des services militaires et maritimes ; le secrétaire général, pour les dépenses des services civils compris dans le budget de l'Etat ; le directeur de l'administration pénitentiaire, pour les dépenses du service pénitentiaire. (Décret du 20 novembre 1882, article 4.)

Au début de l'exercice, et en attendant l'arrivée des ordonnances de délégations, les gouverneurs peuvent ouvrir aux ordonnateurs secondaires les crédits nécessaires pour l'acquittement des dépenses ; ces crédits provisoires sont annulés lors de la réception des crédits réguliers. (Décret du 16 mai 1891.)

Dans chaque colonie, le trésorier-payeur, avec des comptables placés sous ses ordres, est chargé de la centralisation des fonds et du paiement des dépenses de l'Etat, opérations qu'il effectue également pour le service local.

La clôture de l'exercice est fixée, pour les recettes et les dépenses qui se perçoivent et s'acquittent, aux colonies, pour le compte de l'Etat :

1° Au 28 février de la seconde année de l'exercice, pour achever, dans la limite des crédits ouverts, les services du matériel dont l'exécution commencée n'aurait pu être terminée avant le 31 décembre, pour des causes de force majeure ou d'intérêt public qui doivent être énoncées dans une déclaration de l'ordonnateur ;

2° Au 20 mars de la seconde année, pour compléter les opérations relatives à la liquidation et au mandatement des dépenses ;

3° Au 31 du même mois, pour compléter les opérations relatives au recouvrement des produits et au payement des dépenses. (Décret du 20 novembre 1882, article 8.)

Le ministre des Colonies rend, pour chaque exercice, le compte des dépenses des services exécutés aux colonies et compris dans le budget de l'Etat. Les recettes figurent dans le compte définitif des recettes établi par le ministre des Finances. (Décret du 20 novembre 1882, articles 23 et 24.)

CHAPITRE II

BUDGETS LOCAUX ET COMMUNAUX

SECTION PREMIÈRE

BUDGETS LOCAUX. — POUVOIRS DES ASSEMBLÉES LOCALES ET DES GOU-
VERNEURS EN MATIÈRE BUDGÉTAIRE. — CAISSES DE RÉSERVE. —
COMPTES.

Les recettes et les dépenses d'intérêt local à effectuer pour le service de chaque exercice constituent, dans chaque colonie, le budget local de cet exercice. (Décret du 20 novembre 1882, article 37.)

Préparé par le secrétaire général, le budget est voté par le conseil général, ou par le conseil privé ou le conseil d'administration, si la colonie ne possède pas d'assemblée locale. Il se divise en recettes ordinaires et extraordinaires, et en dépenses ordinaires et extraordinaires.

Les recettes ordinaires comprennent, avec les subventions éventuellement accordées par la métropole, les produits divers dévolus au service local, le revenu des propriétés de la colonie, le produit des taxes et contributions de toute nature.

Le conseil général vote les tarifs des taxes et contributions autres que ceux afférents aux droits de douane et d'octroi de mer, et les délibérations prises à ce sujet sont définitives et deviennent exécutoires, si dans le délai d'un mois à partir de la clôture de la session, le gouverneur n'en a pas demandé l'annulation pour excès de pouvoir, pour violation d'une loi ou d'un règlement d'administration publique. Les délibérations relatives au mode d'assiette et aux règles de perception des contributions et taxes doivent être approuvées par décret ; cependant, le gouverneur peut les rendre provisoirement exécutoires, par un arrêté en conseil privé.

Les pouvoirs étendus dont disposent les conseils généraux en matière d'établissement des impôts ont donné lieu à des abus rendant une restriction nécessaire. On a pensé que le Conseil d'Etat, qui a le plus souvent la mission d'approuver les délibérations des assemblées locales relatives à l'assiette et aux règles de perception de l'impôt, devrait tout naturellement être appelé à fixer un tarif maximum. Dans cette limite, les conseils généraux conserveraient la faculté de voter les tarifs à percevoir ; ils auraient l'initiative et la liberté voulues, et pourraient, dans les circonstances exceptionnelles, obtenir du Conseil d'Etat l'autorisation d'excéder les tarifs maximum primitivement établis. Ces modifications, de même que celles dont il sera question à propos des dépenses obligatoires, ne sont que la conséquence des réformes qu'a suggérées à une commission un examen approfondi des budgets locaux (voir page 178) ; elles font l'objet d'une disposition introduite dans le projet de loi portant fixation du budget général de l'exercice 1900. (Annexe au procès-verbal de la séance de la Chambre des députés du 4 juillet 1899.)

En ce qui concerne les droits de douane, dans tout établissement soumis au tarif métropolitain, le conseil général peut seulement émettre un avis sur les modifications à apporter, dans la colonie, au tarif général des douanes ; un décret en forme de règlement d'administration publique détermine ces modifications. Dans les possessions exclues du régime de la loi du 11 janvier 1892 (Côte occidentale d'Afrique, moins le Gabon, Côte des Somalis, Inde, Tahiti), les assemblées locales ont la faculté de demander l'établissement de droits de douane, par décret en Conseil d'Etat, conformément à la loi du 7 mai 1881.

Le mode d'assiette, les règles de perception et le mode de répartition de l'octroi de mer sont établis par des délibérations des conseils généraux approuvées par décrets en forme de règlements d'administration publique. Les tarifs d'octroi de mer votés par les conseils généraux sont rendus exécutoires par décrets ; ils peuvent être mis provisoirement à exécution, par arrêtés des gouverneurs. (Loi du 11 janvier 1892, article 6.)

Les contributions extraordinaires, les prélèvements sur les fonds de réserve, le produit des emprunts et autres ressources extraordinaires spécialement affectées à des travaux ou entreprises d'utilité publique constituent les recettes extraordinaires. Les contributions locales extraordinaires sont votées et approuvées dans les mêmes conditions que les contributions ordinaires. Les emprunts, sur lesquels le conseil général délibère, doivent être approuvés par décrets rendus sous forme de règlements d'administration publique.

Les dépenses extraordinaires sont celles auxquelles on pourvoit au moyen des ressources spéciales qui viennent d'être énumérées.

Les dépenses ordinaires se divisent en dépenses obligatoires et dépenses facultatives.

Les dépenses obligatoires sont déterminées par les actes organiques en vigueur dans chaque colonie. L'article 7 du sénatus-consulte du 4 juillet 1866 en donne une énumération que les divers décrets instituant des conseils généraux dans nos possessions ont à peu près reproduite. Elles comprennent : les dettes exigibles ; le minimum fixé par décret, des frais de personnel et de matériel du secrétariat général ; les frais du matériel de la justice et des cultes ; le loyer, l'ameublement et l'entretien du mobilier de l'hôtel du gouverneur ; les frais de personnel et de matériel du secrétariat du gouverneur, des ateliers de discipline et des prisons; la part afférente à la colonie dans les frais de personnel et de matériel de l'instruction publique et de la police générale, et dans les dépenses des enfants assistés et des aliénés ; le casernement de la gendarmerie ; le rapatriement des immigrants à l'expiration de leur engagement; les frais d'impression des budgets et comptes des recettes et des dépenses du service local, et des tables décennales de l'état civil ; les contingents qui peuvent être mis à la charge de la colonie.

Au nombre des dépenses obligatoires figure en outre un fonds de dépenses diverses et imprévues dont le ministre détermine chaque année le minimum et qui est mis à la disposition du gouverneur. La liste des dépenses obligatoires comporte d'ailleurs un certain nombre d'additions résultant d'actes spéciaux ; c'est ainsi notamment, que les dépenses de personnel et de matériel du service des douanes (loi du 11 janvier 1892, article 6), les frais de représentation des gouverneurs (loi du 29 mars 1897, article 17), les dépenses de personnel et de matériel du service de l'immigration, dans les anciennes colonies (loi du 13 avril 1898, article 79), ont été imposés à toutes nos possessions ou à quelques-unes d'entre elles. Une disposition du projet de loi de finances de l'exercice 1900 tend à donner au gouvernement le pouvoir d'inscrire au budget local les nouvelles dépenses obligatoires mises à la charge d'une colonie : la nomenclature et le maximum des dépenses obligatoires seraient fixés, pour chaque colonie, par décret en Conseil d'Etat ; le montant des dépenses obligatoires serait, s'il y a lieu, déterminé par l'administration.

Lorsqu'un conseil général omet de voter les dépenses obligatoires ou ne prévoit que des crédits insuffisants, le gouverneur décide, en conseil privé, qu'il y sera provisoirement pourvu à l'aide du fonds de dépenses diverses et imprévues. En cas d'insuffisance de ce fonds, il en réfère au ministre qui, par arrêté, sur sa proposition, inscrit d'office les dépenses omises ou augmente les allocations. Le gouverneur, en conseil privé, procède à l'acquittement de ces dépenses, d'abord en les imputant sur les fonds libres, ensuite en réduisant les dépenses facultatives, enfin, à défaut de réduction possible, en augmentant le tarif des taxes. (Sénatus-consulte du 4 juillet 1886, art. 8.)

Les dépenses facultatives pourraient encore être réduites par le ministre, si elles excédaient les ressources ordinaires de l'exercice, après prélèvement des dépenses obligatoires (sénatus-consulte de 1866, article 9). Mais en dehors des cas ainsi prévus, le conseil général a toute latitude pour voter les dépenses facultatives, sans que ce pouvoir lui donne le droit d'empiéter sur les attributions du gouverneur et de s'immiscer dans la fixation des cadres des divers services de la colonie, ou des traitements alloués aux agents appartenant à ces cadres. (Décret du 20 novembre 1882, art. 50.)

Si le conseil général ne se réunissait pas, ou s'il se séparait sans avoir voté le budget, le ministre des Colonies l'établirait d'office, sur la proposition du gouverneur en conseil privé ; les taxes et contributions continueraient à être perçues d'après les tarifs de l'exercice précédent. (Sénatus-consulte de 1866, art. 10.)

Le budget est arrêté et rendu exécutoire par le gouverneur en conseil, avant l'ouverture de chaque exercice ; il est rendu public par la voie de l'impression.

Le tableau suivant permet d'apprécier la différence que présente, en l'espace de dix années (exercices 1889 et 1898), le montant des dépenses du budget local de chacune de nos colonies :

COLONIES	EXERCICE 1889	EXERCICE 1898	OBSERVATIONS
	fr.	fr.	
Martinique	4.128.651 49	5.096.048 15	(1) Les budgets locaux indo chinois étant établis en piastres, ces chiffres représentent des piastres et non des francs. Le taux de la piastre a considérablement varié au cours des dix dernières années ; il est actuellement de 2 fr. 40 environ. (2) Pour la côte des Somalis les prévisions de dépenses en 1899 s'élevaient à 689.200 francs.
Guadeloupe	6.222.140 »	5.354.563 97	
Réunion	3.720.581 80	3.727.808 »	
Guyane	2.615.638 »	2.453.261 04	
St-Pierre-et-Miquel.	460.678 04	500.710 »	
Nouvelle-Calédonie.	2.310.358 64	2.807.955 80	
Tahïti	1.087.980 »	1.229.625 »	
Inde	1.665.685 »	1.758.999 84	
Cochinchine	7.357.748 36 (1)	13.940.000 » (1)	
Cambodge	644.400 » (1)	2.523.000 » (1)	
Annam-Tonkin	12.432.203 » (1)	9.404.000 » (1)	
Laos	»	874.000 » (1)	
Sénégal	2.781.844 26	3.929.367 18	
Soudan	»	2.740.500 »	
Guinée française	»	900.000 »	
Côte d'Ivoire	»	1.260.000 »	
Dahomey	»	1.810.000 »	
Congo	1.474.950 »	3.501.200 »	
Côte des Somalis	»	(2)	
Mayotte	242.805 84	240.000 »	
Madagascar	»	9.659.349 93	

Les crédits supplémentaires jugés nécessaires après la fixation du budget sont votés par le conseil général et approuvés par le gouverneur. En cas d'urgence, et si le conseil général ne peut être réuni en session extraordinaire, ces crédits sont autorisés par le gouverneur en conseil privé et soumis au vote de l'assemblée locale dans sa plus prochaine session. (Décret du 20 novembre 1882, art. 49.)

Le secrétaire général dispose seul des crédits ouverts par le budget local ou les autorisations supplémentaires. Il ne peut dépenser au delà de ces crédits, ni en accroître le montant à l'aide de ressources particulières.

Des arrêtés du gouverneur, en conseil privé, régularisés ultérieurement par le conseil général peuvent, en ce qui concerne les dépenses obligatoires, autoriser des virements de crédits d'un chapitre à un autre.

La répartition, entre les divers articles du budget, des crédits votés par chapitre est effectuée par le secrétaire général et approuvée par le gouverneur en conseil ; elle n'a qu'un caractère purement administratif, et la spécialité des crédits demeure exclusivement renfermée dans la limite des chapitres ouverts au budget. (Décret du 20 novembre 1882, art. 63.)

Tous les mois, le gouverneur en conseil privé règle la distribution par chapitre des fonds mis, pendant le mois suivant, à la disposition du secrétaire général qui opère la liquidation et le mandatement des dépenses locales. Les titres de chaque liquidation doivent offrir la preuve des droits acquis aux créanciers de la colonie ; les mandats énoncent l'exercice et les chapitres auxquels ils s'appliquent et sont appuyés des pièces justificatives déterminées par les règlements.

Dans chaque établissement, le trésorier-payeur est chargé de la recette et de la dépense tant des services de l'Etat que du service local. Il perçoit ou fait percevoir pour son compte et centralise tous les produits réalisés au profit de l'Etat et de la colonie, et acquitte toutes les dépenses publiques.

Le trésorier-payeur reçoit notification des budgets, des distributions mensuelles de fonds, des arrêtés autorisant les virements de crédits ou l'ouverture de crédits supplémentaires. Il ne peut refuser de payer les mandats délivrés par le secrétaire général que s'ils excèdent les crédits sur lesquels ils doivent être imputés, ou les distributions mensuelles de fonds ; s'ils dépassent le montant des fonds disponibles du service local ; s'il y a omission ou irrégularité matérielle dans les pièces justificatives produites. Lorsque le comptable est réquisitionné à l'effet, soit d'acquitter une dépense sans qu'il y ait disponibilité de crédit ou justification du service fait, soit de procéder à un payement suspendu pour des motifs touchant à la validité de la quittance, il doit en référer au gouverneur qui statue immédiatement. Il est rendu compte de ces refus de paiement, au ministre des Colonies par le gouverneur, et par le trésorier-payeur au ministre des Finances. (Décret du 20 novembre 1882, art. 78.)

Les saisies-arrêts ou oppositions sur des sommes dues par une colonie sont faites entre les mains du trésorier-payeur.

La durée de la période pendant laquelle doivent se consommer tous les faits de recettes et de dépenses de chaque exercice se prolonge :

1° Jusqu'au 28 février de la seconde année, pour achever, dans la limite des crédits ouverts, les services du matériel dont l'exécution n'a pu, d'après une déclaration motivée du secrétaire général, être terminée avant le 31 décembre ;

2° Jusqu'au 20 juin de la seconde année, pour compléter les opérations relatives à la liquidation et au mandatement des dépenses ;

3° Jusqu'au 30 juin de la seconde année pour compléter les opérations relatives au recouvrement des produits et au paiement des dépenses.

Les mandats dont le payement n'a pas été réclamé avant le

30 juin de la seconde année sont annulés, sans préjudice des droits des créanciers, et sauf réordonnancement jusqu'au terme de déchéance fixé à cinq années à partir de l'ouverture de l'exercice, pour les créanciers domiciliés dans la colonie, à six années pour les autres. (Décret du 20 novembre 1882, articles 39 et 94.)

Les excédents de recettes que le règlement de chaque exercice fait ressortir sur les produits du service local servent à constituer un fonds de réserve et de prévoyance dont le maximum est fixé, pour chaque colonie, par l'article 98 du décret du 20 novembre 1882. Les prélèvements sur la caisse de réserve ont pour objet de subvenir à l'insuffisance des recettes de l'exercice et de faire face aux dépenses extraordinaires.

La comptabilité tenue dans chaque secrétariat général décrit toutes les opérations relatives : à la constatation des droits mis à la charge des débiteurs des colonies et aux recettes réalisées au profit de ces établissements ; à la liquidation, au mandatement et au payement des dépenses du service local ; au compte du fonds de réserve. Elle comporte, comme écritures fondamentales, un journal général et un sommier ou grand-livre des comptes ouverts par ordre de matières et suivant les divisions du budget.

Le compte de chaque exercice préparé par le secrétaire-général est présenté au gouverneur en conseil, dans les trois mois qui suivent l'expiration de cet exercice, et examiné par une commission de trois membres faisant partie du conseil privé. Il est en outre soumis à l'assemblée locale ; les observations que celle-ci peut formuler sont, s'il y a lieu, transmises au gouverneur qui statue définitivement en conseil privé. Les arrêtés portant rejet d'une dépense ne deviennent cependant exécutoires qu'après approbation du ministre dont la décision peut être déférée au Conseil d'État jugeant au contentieux. (Décret du 20 novembre 1882, articles 107, 108, 109, 111 et 112.)

Le trésorier-payeur rend annuellement un compte de gestion comprenant tous les actes de sa gestion et de celle de ses subordonnés ; ce document accompagné des justifications nécessaires est directement adressé au ministre des Finances qui le transmet à la Cour des comptes. (Décret du 20 novembre 1882, articles 200 et 204.)

Les inspecteurs des colonies assurent le contrôle des services financiers aux colonies dans les conditions prévues par les décrets des 25 novembre 1887 et 3 février 1891.

SECTION II

IMPOTS EXISTANT AUX COLONIES

Comme la métropole, nos possessions demandent à l'impôt la plus grande partie de leurs ressources. Le régime fiscal de chaque établissement, simple au début, se modifie et se complète peu à peu ; les taxes imposées se transforment, augmentent et se multiplient, tandis que se développent les services publics et les institutions d'utilité générale. Aussi l'impôt se présente-t-il aux colonies, sous les aspects les plus variés, avec les modes de taxation en vigueur dans la métropole, ou les formes les plus primitives, tel le prélèvement en nature sur les produits, qui existe encore dans certaines possessions, notamment au Laos.

La diversité des contributions ainsi perçues peut également s'expliquer, par les conditions économiques particulières de nos établissements d'outre-mer, et par les pouvoirs étendus laissés, en matière d'impôts, aux assemblées et aux autorités locales. Mais si nombreuses que soient les taxes acquittées dans nos possessions, leurs populations paraissent, au point de vue des charges fiscales, bien plus favorisées que celles de la métropole. La part contributive de chaque habitant dans les dépenses publiques (dépenses départementales et communales déduites) a été évaluée en France à 95 fr. 84 cent. Dans les anciennes colonies où le régime fiscal se rapproche le plus de celui de la métropole, cette part est de 23 fr. 20 à la Martinique, de 27 fr. 82 cent. à la Guadeloupe et de 20 fr. 60 à la Réunion. La contribution moyenne annuelle de chaque habitant ressort à 5 fr. 34 cent. dans les Etablissements de l'Inde, et à moins de 3 fr. au Sénégal.

Il ne faut pas perdre de vue que la modération de l'impôt est une des conditions essentielles du développement des colonies nouvelles. Mais les possessions arrivées à un degré de complète maturité doivent se suffire à elles-mêmes, et en ce qui les concerne, une intervention financière de l'État ne saurait s'expliquer, surtout si, en tenant compte de la richesse de ces établissements comparée à celle de la métropole, on constate que les charges fiscales imposées à leurs habitants sont inférieures à celles que supportent en France les contribuables.

Nous examinerons les impôts directs et indirects qu'on trouve aux colonies, sans insister sur la nomenclature et les tarifs des taxes qui subissent chaque année des modifications, au moment où sont déterminés les voies et moyens d'exécution des divers budgets locaux.

Contributions directes et taxes assimilées. — La plupart des impôts directs existent dans les unes ou les autres de nos possessions. Ce sont des impôts de quotité, sauf dans l'établissement de Karikal où l'impôt foncier constitue un impôt de répartition.

L'impôt foncier est perçu dans toutes les colonies autres que le Soudan, la Guinée française, la Côte d'Ivoire, le Dahomey, la côte des Somalis, Madagascar, le Cambodge, le Laos et

Tahiti. Mais dans certaines possessions comme la Guadeloupe, la Guyane, le Sénégal, le Congo et la Réunion, il ne porte que sur la propriété bâtie. A la Guadeloupe et à la Réunion, l'impôt foncier, en ce qui concerne la propriété rurale, est remplacé par un droit de sortie sur les principaux produits du sol ; et, bien qu'à la Martinique la contribution foncière frappe tous les immeubles bâtis ou non bâtis, les terrains et les constructions affectés à la culture ou au traitement de la canne à sucre en sont exonérés, leurs produits acquittant un droit à l'exportation.

Dans l'Inde, l'impôt foncier, différent dans chaque dépendance, est établi sur les terres, d'après la nature des récoltes. Les terres à salines payent un impôt spécial prélevé sur l'indemnité servie par le gouvernement de l'Inde anglaise, aux propriétaires de salines, en exécution de la convention du 13 mai 1818. L'impôt sur la propriété bâtie, voté en 1894, a été supprimé depuis ; mais presque toutes les communes ont adopté une taxe municipale sur la valeur locative des maisons.

On trouve en Cochinchine l'impôt foncier des centres et celui des villages. Le premier est spécial au territoire de Saïgon et des principales villes de la colonie ; il varie avec l'importance de la localité, la situation des terrains dans des zones déterminées, et la nature des constructions élevées sur ces terrains.

L'impôt foncier des villages appliqué à tout le reste de la colonie comporte une distinction entre les terrains plantés en rizières taxés en raison de leur fertilité, et ceux qui sont affectés à d'autres cultures imposés d'après la nature de leurs produits. Les cultures dont on veut favoriser le développement (cacao, café, rocou, etc.) sont exemptes d'impôt. Il en est de même dans l'Annam-Tonkin où l'impôt foncier annamite repose également sur la division des terrains en rizières et cultures diverses. Les propriétés immobilières appartenant à des Européens classées en quatre catégories sont assujetties à l'impôt foncier européen, dont le produit a été abandonné aux municipalités, dans les villes d'Hanoï et d'Haïphong.

Il existe en Cochinchine un impôt spécial sur les terres à salines.

L'impôt personnel a été successivement établi et supprimé dans un certain nombre de nos possessions. Il est actuellement perçu au Sénégal et au Soudan, à Mayotte, à la Réunion et en Indo-Chine.

Au Sénégal, les habitants des villes en sont exonérés depuis 1880, tandis que la population des villages continue à le payer.

La cote personnelle rétablie à la Réunion en 1886 est due même par les immigrants, tandis que les étrangers de race africaine ou asiatique non soumis au régime de l'immigration acquittent une taxe spéciale pour la délivrance ou le renouvellement d'un permis de séjour.

En Indo-Chine, l'impôt personnel est payé par les indigènes valides, âgés de moins de 60 ans. Les asiatiques étrangers, à l'exception des Tagals (indigènes des îles Philippines), sont astreints, en Cochinchine, au Cambodge, en Annam et au Tonkin, au versement d'une taxe de capitation dont le taux est fixé d'après le montant annuel des contributions acquittées par les intéressés.

La *contribution des portes et fenêtres* est inconnue dans nos possessions ; la *contribution mobilière* n'existe qu'aux Antilles.

L'impôt des patentes est établi à peu près dans toutes nos colonies, mais il ne comporte, le plus souvent, qu'un droit fixe. Cependant, au Sénégal, au Tonkin et à Tahiti, il est constitué comme dans la métropole, à la fois par un droit fixe et par un droit proportionnel. A la Martinique, dans l'Inde et en Cochinchine, avec le droit fixe, quelques catégories de patentables acquittent, en outre, un droit proportionnel.

Comme taxes assimilées aux contributions directes on trouve à la Martinique, à la Guadeloupe, à la Guyane, au Sénégal, à la

Réunion, dans l'Inde, en Cochinchine, en Nouvelle-Calédonie et à Tahiti, les *droits de vérification des poids et mesures ;* à la Guyane, au Sénégal, à Madagascar et en Nouvelle-Calédonie, les *redevances sur les mines ;* à la Réunion, la *taxe sur les biens de main-morte ;* à la Réunion et dans l'Inde, l'*impôt sur les voitures ;* à Tahiti, l'*impôt des prestations,* auquel on peut assimiler *la corvée* due par les villages annamites du Tonkin ; à Saint-Pierre et Miquelon, à la Martinique, à la Réunion et à Tahiti, la *taxe municipale sur les chiens.* Enfin, dans diverses colonies il existe des droits de fourrière, des droits de location de places dans les halles et marchés, des taxes sur les permis de ports d'armes, des droits sur les passeports.

Contributions indirectes. — Les impôts indirects perçus dans nos diverses possessions comprennent les droits d'enregistrement, de timbre, de greffe et d'hypothèque, la taxe sur le revenu des valeurs mobilières, les droits de navigation et taxes accessoires, les droits qui frappent différents produits soit à l'importation, soit à l'exportation, les droits de consommation et d'octroi de mer, enfin les produits des monopoles exploités par les colonies.

Les *droits d'enregistrement* ont été appliqués à la Martinique, à la Guadeloupe et à la Guyane par l'ordonnance du 31 décembre 1828 qui reproduit les dispositions de la loi du 22 frimaire an VII, en tenant compte de la jurisprudence de la Cour de cassation. Les actes postérieurs qui ont introduit le service de l'enregistrement dans nos autres établissements sont fondés sur cette réglementation.

L'*impôt du timbre,* les *droits de greffe* et les *droits d'hypothèque* existent dans la plupart des colonies.

La *taxe sur le revenu des valeurs mobilières* a été établie à la Martinique et à la Guadeloupe dans les mêmes conditions qu'en France.

Les *droits de navigation* acquittés à peu près partout portent sur la délivrance des congés, passeports et permis de navigation, la francisation des navires, les services sanitaires ; les *taxes accessoires* très variables comprennent, en ce qui concerne plus particulièrement le navire, des droits de pilotage, de phare, d'ancrage, d'amarrage, de quai, de tonnage et de jaugeage, et pour les opérations relatives aux marchandises, des droits de chargement et de déchargement, de pesage, d'entrepôt et de statistique.

On trouve en Cochinchine et au Tonkin un impôt spécial sur les barques et jonques classées, à cet effet, en un certain nombre de catégories, d'après leur jauge.

Les produits importés aux colonies peuvent être soumis à des taxes diverses et, en premier lieu, à des *droits de douane*. Pendant longtemps nos possessions ont subi, avec le pacte colonial, un régime d'étroite prohibition qui leur interdisait toute relation commerciale avec l'étranger. La Restauration et les gouvernements qui suivirent apportèrent bien quelques tempéraments à cet état de choses ; mais il ne prit complètement fin qu'avec la loi du 3 juillet 1861. Cet acte, en autorisant l'introduction des produits étrangers aux colonies, avec les mêmes droits qu'à leur entrée en France, tentait un premier essai d'assimilation douanière. Le sénatus-consulte du 4 juillet 1866 consacra plus tard l'autonomie commerciale des anciennes colonies, en abandonnant aux conseils généraux le vote des tarifs de douane et d'octroi de mer.

Les assemblées locales usèrent sans modération de ces pouvoirs, et tendirent à substituer aux droits de douane, dont le caractère différentiel assure un traitement de faveur aux produits métropolitains, des droits d'octroi de mer frappant indistinctement les marchandises françaises et étrangères. Aussi l'expérience ne fut-elle pas poursuivie dans les colonies soumises au régime des décrets qui virent fixer leurs tarifs de douane par des décrets en Conseil d'Etat. (Loi du 7 mai 1881.)

On est revenu à l'assimilation douanière avec la loi du 11 janvier 1892 appliquant à nos établissements d'outre-mer le tarif général adopté pour la métropole. Les produits étrangers importés dans les colonies sont soumis aux mêmes droits que s'ils étaient importés en France. Cependant, certains produits peuvent faire l'objet d'une tarification spéciale; ces exceptions sont déterminées par des décrets en forme de règlements d'administration publique, rendus sur le rapport du ministre des Colonies, après avis ou sur la demande des assemblées locales ou des conseils d'administration (loi du 11 janvier 1892, articles 3 et 4, décrets des 26, 29 novembre et 21 décembre 1892). Les produits originaires de la métropole ou d'une colonie française importés dans nos possessions ne sont soumis à aucun droit de douane; les produits étrangers importés d'une colonie dans une autre sont assujettis au payement de la différence qui peut exister entre les deux tarifs locaux.

Quelques colonies ont été tenues en dehors de l'application du tarif général des douanes, soit à cause de leur situation spéciale, soit parce que des conventions internationales ne permettaient pas de leur imposer un tarif différentiel. Ce sont: les possessions de la côte occidentale d'Afrique, moins le Gabon, les établissements de l'Inde et ceux de la côte des Somalis, Tahiti et ses dépendances. Des droits de douane peuvent y être établis par décrets en Conseil d'État, dans les conditions déterminées par la loi du 7 mai 1881.

Indépendamment des taxes douanières, les produits introduits dans les colonies peuvent avoir à payer des *droits de consommation* ou *d'octroi de mer*, les premiers perçus au profit des budgets locaux, les seconds au profit des budgets des communes.

Les droits de consommation et d'octroi de mer diffèrent essentiellement des droits de douane, en ce qu'ils doivent frapper les marchandises de toute provenance, même celles qui sont de fabrication ou de production locale. Toute mesure ayant pour effet de modifier leur caractère purement fiscal, et de leur attribuer le caractère différentiel propre aux droits de douane, serait entachée d'une illégalité que la Cour de cassation ou le Conseil d'Etat ne manqueraient pas de reconnaître (1). On trouve pourtant, dans certaines possessions de la côte occidentale d'Afrique, sous le nom de *droits à l'importation*, des taxes frappant exceptionnellement diverses marchandises de toute provenance, sans porter sur les produits locaux similaires. Tels sont, au Sénégal les droits perçus sur les guinées et sur la valeur des armes, des munitions, des tabacs en feuilles et des marchandises de toute nature, en exécution des décrets des 20 juin 1872, 20 janvier 1879 et 14 juin 1881 ; à la Côte d'Ivoire les droits établis par le décret du 3 septembre 1889, à la suite de la convention conclue le 10 août 1889 entre la France et l'Angleterre; dans le bassin occidental du Congo le tarif commun appliqué en conséquence du protocole de Lisbonne passé le 8 avril 1892 entre la France, le Portugal et l'Etat indépendant du Congo ; enfin, dans nos possessions de l'Afrique équatoriale les droits sur les spiritueux rendus obligatoires par l'Acte général de la conférence de Bruxelles du 2 juillet 1890 ratifié par décret du 12 février 1892.

Dans la nomenclature des nombreux produits sur lesquels portent les *droits de consommation*, les spiritueux et les tabacs figurent au premier rang. Les droits de consommation sur les

---

(1) Voir les conclusions de M. le procureur général Baudoin devant la Cour de cassation, à l'audience du 10 mars 1885, dans le pourvoi contre divers arrêts de la Cour de la Réunion et les arrêts de la Cour de cassation des 11 mars 1885, 5 juin 1889, 7 janvier 1896 et 15 mars 1898, ainsi que les arrêts du Conseil d'Etat des 18 janvier 1893, 16 janvier et 3 juillet 1894. — Voir aussi, au *Bulletin officiel des Colonies* (page 601), le rapport précédant un décret du 18 août 1898 qui modifie, pour la Guadeloupe, le tableau des exceptions au tarif général des douanes.

spiritueux existent dans toutes nos colonies, avec des tarifs divers, et sous les formes les plus variées ; ils frappent les rhums, tafias, eaux-de-vie, arracks, alcools de riz et spiritueux de toute nature fabriqués ou importés dans les différents établissements. Aux taxes de consommation perçues sur les boissons alcooliques se rattachent les *droits de licence* acquittés pour le débit de ces boissons.

Le droit de consommation sur les tabacs est établi partout, sauf en Cochinchine, à Mayotte et à Tahiti.

L'octroi de mer, créé en Algérie, a été introduit aux colonies vers le milieu du siècle, pour remplacer les octrois municipaux de la métropole dont l'organisation ne pouvait, sans difficultés, s'adapter à nos possessions. Les droits d'octroi de mer sont perçus par le service des douanes, au profit de l'ensemble des communes d'un même établissement, et le produit en est réparti entre les diverses municipalités, par des arrêtés du gouverneur pris en conseil privé ; les frais de perception seuls font retour au budget local.

On a vu que les conseils généraux se sont servis parfois des droits d'octroi de mer, pour mettre obstacle aux relations commerciales de la France avec ses colonies. La loi du 11 janvier 1892 a remédié à cet état de choses en décidant que les délibérations des assemblées locales relatives au mode d'assiette, aux règles de perception et au mode de répartition de l'octroi de mer devaient être approuvées par des décrets rendus dans la forme des règlements d'administration publique, et que les tarifs d'octroi de mer votés par ces mêmes assemblées seraient rendus exécutoires par décrets, sur le rapport du ministre des Colonies.

Comme il a été dit, les *droits de sortie* sur les produits du sol remplacent, dans diverses possessions, l'impôt foncier sur la propriété non bâtie. Mais il existe en outre des taxes perçues à l'exportation sur certaines denrées, alors que la propriété rurale est soumise à l'impôt foncier ; c'est ainsi notamment, que les riz et paddies acquittent un droit de sortie en Cochinchine et au Tonkin.

Dans toutes les colonies le service des *Postes* et celui des *Télégraphes*, au moins en ce qui concerne le réseau télégraphique intérieur, sont exploités au profit du budget local. Nos possessions faisant partie de l'Union postale universelle, les objets confiés à la poste et destinés à l'extérieur sont assujettis aux taxes fixées par les conventions internationales ; les administrations locales doivent, s'il y a lieu, rembourser des frais de transit aux offices étrangers qui ont concouru au transport de leurs correspondances. (Règlement de détail pour l'exécution de la Convention postale universelle conclue à Paris le 1er juin 1878, chap. xiv à xviii.)

Font également l'objet d'un *monopole* : dans l'Inde, la vente du sel (conventions des 7 mars 1815 et 13 mai 1818), l'introduction et la fabrication des alcools indigènes (décret du 9 juillet 1890); en Indo-Chine, la vente du sel (arrêtés des 1er juin et 15 décembre 1897, décret du 30 décembre 1898), l'introduction et la vente de l'opium concédées à un fermier en Annam (contrats des 21 juillet 1892, 14 mai 1893, 21 décembre 1894), effectuées en régie en Cochinchine, au Cambodge et au Tonkin (arrêtés des 6 juin 1893, 15 décembre 1897, 22 février 1898, décret du 30 décembre 1898); à Tahiti, la vente de l'opium d'abord affermée, puis exploitée en régie (arrêtés des 4 octobre 1877 et 24 juillet 1883, décret du 11 avril 1896).

SECTION III

BUDGETS DES COMMUNES

Dans les établissements où fonctionne le régime municipal, les budgets communaux de chaque exercice préparés par les maires et votés par les conseils municipaux, sont arrêtés par le secrétaire général et définitivement approuvés par le gouverneur en conseil privé.

Les ressources des communes coloniales sont celles que l'article 133 de la loi du 5 avril 1884 énumère pour les communes de la métropole, et en outre certaines ressources, telles que l'octroi de mer et diverses taxes municipales spéciales, dont la perception est autorisée par les lois et décrets.

La commune de Saïgon comprend dans ses recettes le produit de la contribution des patentes et celui de l'impôt foncier des centres perçus sur son territoire, ainsi qu'un prélèvement de 25,000 piastres sur le produit de l'impôt de capitation des Asiatiques étrangers. (Décret du 2 mai 1883.)

Les arrêtés du gouverneur général de l'Indo-Chine instituant les municipalités d'Hanoï et d'Haïphong leur ont abandonné le produit des contributions directes, impôt foncier, impôt des patentes, capitation des Asiatiques étrangers, impôt personnel et corvées des inscrits indigènes.

Les dépenses des communes se divisent en dépenses obligatoires et en dépenses facultatives. Les dépenses obligatoires sont déterminées pour les Antilles et la Réunion par l'article 136 de la loi du 5 avril 1884, et pour les autres colonies, par les décrets organisant le service municipal ou, à défaut, par des arrêtés des gouverneurs pris en conseil privé.

Dans le cas où le maire d'une commune négligerait de soumettre le budget au conseil municipal, ce budget serait établi par le secrétaire-général qui convoquerait le conseil municipal d'office; si cette assemblée ne se réunissait pas ou se séparait sans avoir voté le budget, celui-ci serait arrêté par le secrétaire-général, et mis à exécution après avoir été approuvé par le gouverneur en conseil privé.

Le maire tient la comptabilité des recettes et des dépenses communales. Il prépare par exercice le compte administratif du service municipal et le soumet aux délibérations du conseil municipal, dans la première session ordinaire qui suit la clôture de l'exercice. Ce compte arrêté par le secrétaire général est approuvé par le gouverneur en conseil privé. (Décret du 20 novembre 1882, article 123.)

Un receveur municipal est chargé, sous sa responsabilité, de poursuivre la rentrée de toutes les créances de la commune et de tous ses revenus, à l'exception cependant des droits d'octroi de mer perçus par les soins des trésoriers-payeurs, pour être ensuite répartis entre les diverses communes de chaque colonie. Le receveur municipal dont les fonctions sont de droit réunies à celles de percepteur acquitte les dépenses mandatées par le maire, jusqu'à concurrence des crédits régulièrement accordés.

Le compte de gestion annuel du receveur municipal, visé par le comptable supérieur de l'arrondissement, est examiné par le conseil municipal avant d'être soumis au conseil privé qui le règle définitivement. (Décret du 20 novembre 1882, articles 124 et 129.)

TABLE DES MATIÈRES

INTRODUCTION

§ 1er. — Considérations générales. — Principes de colonisation 1
§ 2. — Constitution coloniale : période antérieure à 1814. — Période de 1814 à 1854 6
§ 3. — Constitution coloniale : période postérieure à 1854 : colonies régies par la loi, colonies régies par décrets . 9

TITRE PREMIER

ADMINISTRATION DES COLONIES

CHAPITRE PREMIER

ADMINISTRATION DES COLONIES DANS LA MÉTROPOLE

§ 1er. — Administration centrale des colonies. 19
§ 2. — Institutions et services divers. 33

CHAPITRE II

ADMINISTRATION LOCALE

Section I. — Gouverneurs. — Chefs d'administration et de service. — Conseils placés auprès des gouverneurs. . . 33

§ 1er. — Gouverneurs, leurs pouvoirs. — Gouverneurs généraux. 35
§ 2. — Chefs d'administration et de service 43
§ 3. — Conseils placés auprès des gouverneurs : conseils privés, conseils d'administration et conseil de protectorat du Tonkin. — Conseils supérieurs de l'Indo-Chine et de l'Afrique occidentale française. — Conseils de défense 55
Section II. — Recrutement et organisation du personnel civil des colonies. — Administration des services civils . . . 61
§ 1er. — Personnel civil colonial et services auxquels il est affecté 62
§ 2. — Personnel civil local et services auxquels il est affecté 70
Section III. — Administrations et services militaires . . . 82
§ 1er. — Garde et défense des colonies. — Marine et troupes aux colonies. 82
§ 2. — Recrutement des troupes coloniales. — Inscription maritime aux colonies. — Organisation et administration des troupes coloniales. — Service de santé . . . 88
§ 3. — Milices. — Cercles et territoires militaires . . . 97

TITRE II

ORGANISATION JUDICIAIRE ET LÉGISLATION COLONIALE

CHAPITRE PREMIER

ORGANISATION JUDICIAIRE

Section I. — Principes généraux 101
Section II. — Organisation judiciaire des Antilles et de la Réunion. 105
§ 1er. — Antilles 105
§ 2. — Réunion 107

TABLE DES MATIÈRES 211

Section III. — Organisation judiciaire des colonies autres que les Antilles et la Réunion. 108
§ 1er. — Colonies possédant une cour d'appel. 108
§ 2. — Colonies n'ayant pas de cour d'appel 118
Section IV. — Juridictions administratives, militaires, maritimes et commerciales 122
Section V. — Officiers ministériels et publics. — Barreau. — Assistance judiciaire. 125

CHAPITRE III

LÉGISLATION COLONIALE

Section I. — Droit civil. — Procédure civile. — Droit pénal. — Instruction criminelle. — Droit commercial. — Procédure administrative 128
Section II. — Législation indigène. 136

TITRE III

ORGANISATION POLITIQUE. — CONSEILS ÉLECTIFS

CHAPITRE PREMIER

REPRÉSENTATION DES COLONIES EN FRANCE

Section I. — Représentation des colonies dans le Parlement. 141
Section II. — Conseil supérieur des colonies 144

CHAPITRE II

ASSEMBLÉES LOCALES

Section I. — Conseils généraux des Antilles et de la Réunion 147
Section II. — Conseils généraux des autres colonies . . . 156

CHAPITRE III

ORGANISATION MUNICIPALE

Section I. — La commune dans les colonies anciennes et dans les agglomérations européennes 164
Section II. — La commune dans les agglomérations indigènes. 169

TITRE IV

ORGANISATION FINANCIÈRE

CHAPITRE PREMIER

DISPOSITIONS GÉNÉRALES ET BUDGET DE L'ÉTAT

Section I. — Répartition des recettes et des dépenses entre le budget de l'État et les budgets locaux 173
Section II. — Budget de l'État. — Subventions des colonies. — Contributions inscrites au budget de l'État 179

CHAPITRE II

BUDGETS LOCAUX ET COMMUNAUX

Section I. — Budgets locaux. — Pouvoirs des assemblées locales et des gouverneurs en matière budgétaire. — Caisses de réserve. — Comptes. 188
Section II. — Impôts existant dans les colonies. 197
Section III. — Budgets des communes. 206

DIJON, IMPRIMERIE DARANTIERE.

DÉSINFECTANT ANTISEPTIQUE
CRÉSYL-JEYES

ADOPTÉ PAR

Le SERVICE de SANTÉ de l'ARMÉE
La PRÉFECTURE de la SEINE
La plupart des Services d'Hygiène
et de Désinfection
HOPITAUX, LYCÉES, COLLÈGES
PENSIONNATS, etc.

MARQUE DÉPOSÉE

MARQUE DÉPOSÉE

Le CRÉSYL-JEYES est indispensable pour l'Assainissement et la Désinfection des Habitations, Hôpitaux, Casernes, Terrains marécageux, Eaux stagnantes, Egouts, Fossés, etc. Préservatif le plus sûr contre les Épidémies et les Épizooties, Détruit tous les parasites des Habitations, de l'Homme, des Animaux et de l'Agriculture.

ENVOI FRANCO ET GRATIS DE LA BROCHURE AVEC RAPPORTS,
MODE D'EMPLOI ET PRIX COURANT

SOCIÉTÉ FRANÇAISE DES PRODUITS SANITAIRES & ANTISEPTIQUES
PARIS — 35, Rue des Francs-Bourgeois, 35, — PARIS

ET CHEZ TOUS LES DROGUISTES ET PHARMACIENS

Exiger rigoureusement les marques et cachets ainsi que le nom : Crésyl-Jeyes.

CHATEAU PÈRE ET FILS
Successeurs de COLLIN & WAGNER
PARIS — 118, Rue Montmartre, 118 — PARIS

HORLOGERIE, MÉCANIQUE, ÉLECTRICITÉ
CONTROLEURS DE PRÉSENCE ET DE RONDES
TACHYMÈTRES, MARÉGRAPHES, ENREGISTREURS
TÉLÉPHONIE, PARATONNERRES, TOURNIQUETS
MÉCANIQUE DE PRÉCISION

Médailles d'or à toutes les Expositions universelles.

Augustin CHALLAMEL, ÉDITEUR

SPÉCIALITÉ D'OUVRAGES SUR LES COLONIES

CARTES
DES COLONIES FRANÇAISES

PARIS, 17, Rue Jacob, 17, PARIS